JUTTA BLÄSIUS

MONTESSORI FÜR ALLE

Spiel- und Lernimpulse für ein selbstständiges Aufwachsen

HERDER

FREIBURG · BASEL · WIEN

MIX
Papier | Fördert gute Waldnutzung
FSC® C010798

Neuausgabe von „Montessori entdecken“ 2024

www.herder.de

Umschlagkonzeption: Büro Jorge Schmidt für Kommunikationsdesign, München
Umschlagmotiv: © Igisheva Maria / shutterstock

Layout, Satz und Gestaltung: Arnold & Domnick, Leipzig
Herstellung: Graspo CZ, Zlín
Printed in the Czech Republic

ISBN Print 978-3-451-39798-1
ISBN E-Book (PDF) 978-3-451-83247-5
ISBN E-Book (EPUB) 978-3-451-83230-7

Inhalt

Einleitung

Das selbstbewusste, kreative Kind, seine Bedürfnisse und seine Individualität, steht im Zentrum der Montessori-Pädagogik. Aufgabe der Erwachsenen ist es, Kinder in ihrem Streben nach Selbstständigkeit zu unterstützen. Diese Haltung zum Kind ist heute in vielen Einrichtungen die Basis der pädagogischen Arbeit, und auch Eltern schaffen für ihre Kinder eine Umgebung, in der sie frei und zugleich sicher und geborgen aufwachsen können.

Doch was ist das Besondere an dieser Pädagogik? Wie viel muss man vom Montessori-Konzept kennen, um es anwenden zu können? Wie lassen sich die Ideen im Alltag – ob zu Hause oder in einer Einrichtung – umsetzen? Kann jeder Montessori „machen“? Und worauf kommt es an?

Ich möchte Ihnen auf den folgenden Seiten 150 Übungen aus der Montessori-Pädagogik vorstellen und Sie einladen – egal ob Eltern, Großeltern oder pädagogische Fachkräfte – Montessori für sich und „Ihre“ Kinder zu entdecken.
Meine Faszination für die Montessori-Pädagogik begann vor vielen Jahren in einer Fortbildung. Das seinerzeit neue Bild vom Kind als „Baumeister seiner selbst“ und die damit einhergehenden Herausforderungen für die pädagogische Arbeit ließen mich nicht los. Ich diskutierte mit Kolleginnen und anderen Müttern über Maria Montessori. Ich bastelte für unsere Kinder alles an Material nach, was möglich war. Die Wohnung wurde immer wieder umgeräumt und Montessori-gerecht gestaltet. Mein Mann begleitete all dies gelegentlich mit einem Kopfschütteln.

Nun arbeite ich seit mehr als 20 Jahren als Erzieherin mit der Montessori-Methode und bin noch immer begeistert von den Chancen und Möglichkeiten, die sie in der Arbeit mit Kindern bietet. Und ich möchte Sie anstecken mit meiner Begeisterung!

Maria Montessori hat Methoden, Materialien und Übungen entwickelt, die Kinder in verschiedenen Lebensbereichen auf ihrem Weg in die Selbstständigkeit unterstützen. Alle praktischen Ideen basieren auf einem theoretischen Konzept, das Hinweise darauf gibt, warum welche Impulse wertvoll und wichtig sind. Deshalb finden Sie in diesem Buch die theoretischen Grundprinzipien Montessoris ebenso wie viele leicht umsetzbare Methoden und Übungen für Ihren Alltag – damit die Bildungsjahre der Kinder zu einer spannenden und abwechslungsreichen Zeit werden.

Ich wünsche Ihnen viel Spaß beim Lesen und Umsetzen der Ideen.

Jutta Bläsius

Die Anfänge

Am 31. August 1870 wird Maria Montessori in Italien geboren. Nach dem Studium der Naturwissenschaften und der Medizin mit Fachgebiet Psychiatrie promoviert sie als eine der ersten Ärztinnen Italiens. Sie beschäftigt sich intensiv mit der Erziehung und dem Unterricht geistig behinderter Kinder und schließt weitere Studien der Pädagogik, der Experimentalpsychologie und Anthropologie ab.
Es sind die Erfahrungen und Beobachtungen, die sie in der Arbeit mit geistig behinderten Kindern macht, die den Grundstein legen für ihre heute weltweit verbreitete Pädagogik.
1907 eröffnet Maria Montessori das erste Kinderhaus in einem Armenviertel in Rom unter dem Namen „Casa dei Bambini". Es war für die damalige Zeit eine sehr innovative Tagesstätte – in vielerlei Hinsicht: Die Eltern mussten sich z. B. wöchentlich bei der Direktorin über ihr Kind informieren. Auch die Ausstattung des Kinderhauses war für damalige Verhältnisse absolut neu. So gab es Waschräume und einen kleinen Garten mit Beeten. Die Möbel und Arbeitsmaterialien wie Besen, Gießkanne oder Staubwedel wurden der Körpergröße der Kinder angepasst, zur damaligen Zeit ein absolutes Novum.
Von besonderer Bedeutung war vor allem aber das pädagogische Konzept der Einrichtung, das sich im Laufe der ersten zwei Jahre entwickelte. Montessoris besondere Sicht auf das Kind, auf die Art und Weise, wie es lernt, und ihre Forderung, seine Beziehung zum Erwachsenen neu zu definieren, waren absolut revolutionär.
Um Kinder in ihrer Entwicklung zu unterstützen, setzt sie im Kinderhaus die von ihr bereits für die Arbeit mit geistig Behinderten entwickelten Lernmaterialien ein – mit vollem Erfolg. Sie werden zum unverwechselbaren Kennzeichen der Montessori-Pädagogik.
Heute gibt es weltweit Montessori-Einrichtungen für alle Altersstufen. Und auch in vielen Familien ist Montessori inzwischen angekommen.

Montessori-Erziehung – was sollten Sie beachten?

Kinder nach der Montessori-Methode von Anfang an in ihrer Entwicklung zu unterstützen, ist zum Glück keine Hexerei. Maria Montessori hat ein sehr gut durchdachtes theoretisches und praktisches Konzept entwickelt, mit dem sich ihre Pädagogik nach und nach erschließt und in der Praxis – im Alltag mit den Kindern – umsetzen lässt.

„Learning bei doing" – durchs Selbertun lernen – ist die Grundidee: sowohl für Sie als Montessori-Einsteiger als auch für die Kinder.

Bevor Sie loslegen, sollten Sie jedoch einige wichtige Punkte beachten, egal ob Sie als Neuling zu Hause oder als Profi in einer pädagogischen Einrichtung mit der Montessori-Pädagogik starten möchten:

- **Bereiten Sie sich vor:** Maria Montessori hat ein komplexes Konzept zu ihrer Pädagogik verfasst. Ihre wichtigsten Grundgedanken und Ideen sind in den „Basisinfos" in diesem Buch dargestellt. Farblich hervorgehoben finden Sie sie in allen Kapiteln. Lesen Sie also nach Möglichkeit zunächst vor allem diese theoretischen Grundinformationen, bevor Sie mit der Praxis starten. Dann lässt sich so manches schneller, einfacher und erfolgreicher umsetzen.

- **Bleiben Sie dran:** Klappt mal etwas nicht so, wie Sie es sich vorgestellt haben, sollten Sie nicht so schnell aufgeben. Interessiert sich ein Kind z. B. nicht für das von Ihnen vorbereitete Material, ist wahrscheinlich einfach noch nicht der richtige Zeitpunkt dafür. Bieten Sie die Übung zu einer späteren Gelegenheit noch einmal an. Vielleicht ist das Kind nun bereit, darauf einzugehen.

- **Beobachten Sie regelmäßig:** Beobachtung ist in der Montessori-Pädagogik von großer Bedeutung. Nur wer ganz genau hinschaut, erkennt die Signale des Kindes und ist in der Lage, ihm in einer vorbereiteten Umgebung die für seine momentane Entwicklung nötigen Lernanreize zu bieten. Planen Sie also immer wieder Beobachtungszeiten ein, um den Kindern gerecht zu werden.

- **Montessori-Pädagogik ist mehr als das Material:** Die Montessori-Pädagogik wird leider allzu oft auf das klassische Montessori-Material reduziert. Sie ist jedoch weitaus mehr – nämlich eine grundsätzliche Lebenseinstellung und Lebenshaltung dem Kind gegenüber. Dies macht Maria Montessori immer wieder deutlich, indem sie in ihren Werken grundlegende Aspekte vorstellt, die Kinder für eine gesunde Entwicklung in jederlei Hinsicht benötigen.

- **Bilden Sie sich weiter:** Inzwischen gibt es eine Vielzahl an Montessori-Literatur, auch zu bestimmten Themen wie zu den „Übungen des praktischen Lebens" oder zum „Gehen auf der Linie" und den „Stille-Übungen". Sollten Sie also Informationen über die in diesem Buch vorgestellten Bereiche hinaus wünschen, kann ich Ihnen nur entsprechende Fachliteratur empfehlen. Wichtige Titel habe ich für Sie am Ende des Buches zusammengestellt.

- **Im Mittelpunkt steht das Kind:** Das Kind mit seiner Individualität steht immer im Mittelpunkt der Montessori-Pädagogik. Aufgabe des Erwachsenen ist es, ihm in seiner Entwicklung zur Seite zu stehen, es zu achten und zu respektieren, es zu unterstützen und auf dem Weg zu Selbstständigkeit, Freiheit und Unabhängigkeit zu begleiten, gegebenenfalls auch zu leiten. Wenn Sie dies beachten, kann nichts schiefgehen!

Wie Sie mit diesem Buch arbeiten können

Maria Montessoris Grundgedanken, z. B. die Theorie der *„sensiblen Phasen"* oder des *„absorbierenden Geistes"*, Begriffe wie die *„vorbereitete Umgebung"*, die *„Analyse der Bewegungen"* oder die *„Stufen des Tuns"* sind fester Bestandteil ihrer Pädagogik. Was es damit auf sich hat und wie Sie damit konkret arbeiten können, erfahren Sie in diesem Buch.

Es ist in acht Kapitel eingeteilt, die sich an den einzelnen Lernbereichen nach Maria Montessori orientieren.

- Zu jedem Kapitel gibt es eine kleine Einführung.

- Grafisch hervorgehoben sind Textabschnitte mit „Basisinfos", die kurz und bündig die Grundbegriffe der Montessori-Pädagogik erläutern. Hier lesen Sie z. B., was Maria Montessori unter dem *„mathematischen Geist"* oder der *„Drei-Stufen-Lektion"* versteht und wie Sie ihre Ideen im Alltag mit den Kindern umsetzen können.

- Für jeden Lernbereich habe ich eine Vielzahl an Lernimpulsen und Übungen in unterschiedlichen Schwierigkeitsstufen zusammengestellt. Wählen Sie das für ein Kind entwicklungsgemäß passende Angebot sorgfältig aus. Auf Altersangaben wurde bewusst verzichtet, denn sie schränken meist zu stark ein. Kinder sind schließlich sehr individuell entwickelt.

- Die Übungen orientieren sich in der Zusammenstellung, der Darbietung und der Handhabung an den Kriterien der Montessori-Pädagogik. Materialien, die zu einem Angebot benötigt werden, sind zu Beginn aufgeführt. Es sind in der Regel Dinge aus dem Alltag. Sie müssen sie also nicht erst extra anschaffen, sondern Sie werden sie sehr wahrscheinlich in Ihrem Umfeld finden.

- Zu vielen Übungen sind weiterführende Möglichkeiten beschrieben, die die Grundübung variieren und sie dadurch abwechslungsreich und lange interessant für Kinder machen.

- Zu manchem Lernimpuls gibt es eine kleine Info unter der Überschrift „Gut zu wissen!“ Hier ist die jeweilige Übung noch einmal mit einer Idee von Maria Montessori verknüpft. Dies trägt zum besseren Verständnis mancher Aspekte ihrer Pädagogik bei.

- Sollten Sie sich für weiterführende Literatur zur Montessori-Pädagogik interessieren, finden Sie am Ende des Buches eine kleine Auswahl, sowohl von Maria Montessori selbst als auch zu unterschiedlichen Bereichen.

Zu guter Letzt möchte ich noch eine kleine Anmerkung zu den Montessori-Materialien machen. Auch wenn viele Materialien einfach nachgebastelt werden können, empfehle ich Ihnen, das ein oder andere Original-Material zu kaufen. Es ist inzwischen gar nicht mehr so teuer und die Anschaffung lohnt sich auf jeden Fall. Die Kinder beschäftigen sich vor allem mit den Sinnesmaterialien sehr intensiv und nutzen sie ebenso wie die Sprach- und Mathematikmaterialien über eine lange Zeit hinweg.

1. DIE ÄUSSERE UND INNERE ORDNUNG

„Das grundlegende Bedürfnis nach Ordnung ist stärker als jeder andere Trieb des Kindes."

Maria Montessori: Das kreative Kind

„Hier sieht es aber sehr aufgeräumt aus!" Diese Bemerkung fällt immer wieder, wenn Besucher in eine Montessori-Einrichtung kommen. Und tatsächlich spielt Ordnung bei Maria Montessori eine bedeutende Rolle. Sie hat sie mit dem Begriff der *„vorbereiteten Umgebung"* verknüpft. Jeder Raum ist eindeutig nach den unterschiedlichen Lernbereichen (Sinnesmaterial, Übungen des täglichen Lebens, Sprache etc.) gegliedert. Alle Dinge haben ihren festgelegten Platz und ihren ganz bestimmten Zweck. So kann ein Kind, das z. B. gerade in der sensiblen Phase für Wasserschütten ist, die passende Arbeit direkt finden und damit beginnen. Alles, was es benötigt, steht an seinem festen Platz im Raum und ist auf einem Tablett unmissverständlich angeordnet.

Neben dieser äußeren Ordnung benötigt das Kind Sortierübungen, die abwechslungsreich gestaltet sind. In einem Alter, in dem es mit unendlich vielen unterschiedlichen Eindrücken konfrontiert wird, sorgen diese, die äußere Ordnung, gleichbleibende Strukturen, Regeln und Abläufe für Klarheit im Leben des Kindes. Sie geben ihm Sicherheit, Halt, Verlässlichkeit, Orientierung und unterstützten es in der Entwicklung seiner Persönlichkeit und seiner inneren Ordnung.

Ordnung muss sein

Sie benötigen: Fotos der Materialien, Tabletts oder Körbe, Klebefolie

In Montessori-Einrichtungen hat jedes Material seinen festen Platz im Raum. Dieser orientiert sich an den grundlegenden Montessori-Materialgruppen wie z. B. den Übungen des praktischen Lebens, den Sinnes-, Sprach- und Mathematikmaterialien und den Übungen zur kosmischen Erziehung.
Von hier aus wird das Material zum Tisch oder auf den Teppich gebracht und am Ende auch wieder dorthin zurückgestellt.
Damit alle wissen, wo z. B. das Tablett mit den Zahlenschlössern steht, eignet sich ein Foto des Angebotes, das Sie mit Klebefolie auf das Regal oder in den Schrank kleben können.
Für sehr junge Kinder sind vor allem Körbe zur Materialaufbewahrung sinnvoll. Auch an diesen können Sie ein Foto befestigen, sodass die Kinder sehen können, was in welchen Korb gehört. So fällt ihnen das Aufräumen leichter.
Das gibt den Kindern Sicherheit und Struktur und hilft ihnen, Ordnung zu halten.

Stifte sortieren

Sie benötigen: Buntstifte, Holzbecher in den Farben der Stifte, flache Schälchen

Zur Ausstattung eines Montessori Kinderhauses zählt in der Regel ein Stiftständer. Er besteht z. B. aus Holzbechern in unterschiedlichen Farben. In jedem Becher stehen, je nach Gruppenstärke, drei bis sechs Stifte, die farblich mit denen der Becher identisch sind: also blaue Stifte im blauen Becher, rosa Stifte im rosafarbenen usw. Neben dem Stiftständer stehen flache Schälchen. Möchte ein Kind malen, sucht es sich aus dem Stiftständer Farbstifte aus, legt sie in das Schälchen und geht damit zum Tisch. Nach dem Malen sortiert es die Farbstifte wieder in die farblich passenden Becher zurück. Das Kind lernt also eine vorgegebene Ordnung kennen und diese einzuhalten.

Der Arbeitszyklus

Sie benötigen: ein beliebiges Material

Benutzen Kinder ein Material, z. B. ein Tablett, geschieht dies in der Regel nach einer bestimmten Abfolge. Diese sollte konsequent eingehalten werden.
Zunächst nehmen sie das Material aus dem Regal und bringen es zum Tisch. Dort können sie sich damit beschäftigen, solange sie möchten. Niemand, auch nicht der Erwachsene, sollte das Kind nun in seiner Arbeit stören und seine Konzentration unterbrechen.
Am Ende der Arbeit muss das gesamte Material wieder so auf dem Tablett aufgeräumt werden, dass das nächste Kind direkt mit seiner Arbeit beginnen kann. Erst dann wird es zurück ins Regal an seinen vorgegebenen Platz gestellt.
Dieser immer gleiche Arbeitszyklus gibt vor allem dem jungen Kind Sicherheit und unterstützt sowohl die äußere als auch die innere Ordnung. Das Kind lernt, eine Arbeit von Anfang bis Ende durchzuführen und schult damit immer wieder seine Konzentration, sein Durchhaltevermögen und seine Ausdauer.

Der Arbeitsteppich

Sie benötigen: kleine, rechteckige Teppiche (ca. 120 x 80 cm); Teppichständer

Kinder spielen gerne auf dem Boden. Das beobachtete Maria Montessori und sie schlägt vor, ihnen dazu kleine Teppiche anzubieten. Diese begrenzen den Arbeitsbereich und sorgen dafür, dass sich die Spielsachen nicht über den ganzen Boden verteilen. Sie bieten zudem eine Art „Schutzraum", der von keinem anderen Kind betreten werden darf.
Der beste Platz, um auf einem Teppich zu arbeiten, ist etwa in der Mitte des Raumes. Sorgen Sie also dafür, dass die Möbel im Raum so angeordnet sind, dass in der Mitte eine Freifläche bleibt. Der Teppichständer zur Aufbewahrung der Teppiche hat, ebenso wie die anderen Materialien, seinen festen Platz im Zimmer.

Gut zu wissen!
Auch Babys liegen gerne auf einer Decke auf dem Boden. Hier sind sie besser aufgehoben als in einer Wippe. Sie haben wesentlich mehr Bewegungsfreiheit und die Möglichkeit, ihre Motorik ungestört zu trainieren. Spiel- und Lerndecken bieten zudem unterschiedliche Reize und schulen die Sinne.

Bücher einräumen

Sie benötigen: viele Bilderbücher, Regal

Normalerweise werden Bücher in Montessori-Einrichtungen so platziert, dass sie mit dem Cover nach vorne zeigen. Dies kann z. B. in einem entsprechenden Bücherregal oder in einer Kiste, einem Korb sein. Vor allem sehr junge Kinder profitieren davon, denn so haben sie einen guten Überblick und können sich problemlos das gewünschte Buch greifen.
Für ältere Kinder können Bücher aber auch schon in einem Regal bereitstehen.
Hier Bücher richtig und ordentlich einzuräumen, müssen Kinder meist erst lernen.
Zeigen Sie ihnen daher immer wieder, wie es geht.
Nehmen Sie mehrere Bücher aus dem Regal und legen Sie sie griffbereit. Nehmen Sie ein Buch und machen Sie das Kind auf den Buchrücken aufmerksam. Benennen Sie diesen. Zeigen Sie ihm, wie Sie das Buch in das Regal stellen, sodass der Buchrücken zu sehen ist. Fordern Sie das Kind auf, die restlichen Bücher entsprechend dieser Vorgabe in das Regal zu stellen.

Das Arbeitstablett

Sie benötigen: alle zu einer Übung notwendigen Materialien, Tablett

In Montessori-Einrichtungen spielen sogenannte Arbeits-Tabletts eine wichtige Rolle. Sie sind inzwischen vor allem von den Übungen des praktischen Lebens her bekannt, werden darüber hinaus aber auch in allen anderen Bereichen eingesetzt.
Auf jedem Tablett ist eine einzige Übung zu finden. Alles, was das Kind zum Tätigsein benötigt, ist vorhanden, sodass es direkt mit der Arbeit beginnen kann. Die Aufgabenstellung ergibt sich in der Regel durch das Material und seine Anordnung auf dem Tablett.
Im Umgang mit den Tabletts gibt es einige wichtige Regeln, die die Kinder einhalten müssen:

1. Es arbeitet in der Regel immer nur ein Kind mit einem Tablett.
2. Alle Materialien verbleiben auf dem Tablett.
3. Das Tablett wird am Ende der Arbeit wieder aufgeräumt und in seinen ursprünglichen Zustand versetzt, sodass das nächste Kind direkt loslegen kann.
4. Jedes Tablett wird an seinen festen Platz im Raum zurückgebracht.

! *Gut zu wissen!*
Für manche Spielsachen wie Bauklötze, Duplos oder die Schatzkisten für junge Kinder empfiehlt Maria Montessori kleine Körbe zur Aufbewahrung. Auch sie sollten ihren festen Platz im Raum haben.

Einen Stuhl unter den Tisch stellen

Sie benötigen: Kinderstuhl, Tisch

Viele Kinder achten nicht darauf, ihren Stuhl unter den Tisch zu stellen, wenn sie aufgestanden sind. Dies führt schnell dazu, dass viele Stühle kreuz und quer im Raum stehen, und das birgt die Gefahr, dass sich jemand an einem im Weg stehenden Stuhl verletzt. Es sieht dadurch zudem auch schnell sehr unordentlich im Raum aus.
Üben Sie daher mit den Kindern immer wieder, wie ein Stuhl leise und ordentlich nach dem Aufstehen unter den Tisch geschoben wird. Zeigen Sie ihnen langsam und mit deutlichen Bewegungen, worauf zu achten ist, und sprechen Sie mit den Kindern darüber, warum diese Arbeit wichtig ist.

Die Tageskette

Sie benötigen: 24 dicke Holzperlen, aufgefädelt und einzeln verknotet; kleine Stundenpfeile; Karten mit abgebildeten Aktionen des Tages (Fotos oder Bilder vom Schlafen, Aufwachen, Anziehen, Frühstücken etc.); Zusatzmaterial (Zahnbürste, Puppenkleidungsstücke, Puppengeschirr, Puppenbett etc.), Korb
Vorbereitung: Lackieren Sie die Holzperlen in Abstufungen der Farben dunkelblau/schwarz für die Nacht und gelb/rot für den Tag. Laminieren Sie die Zusatzkarten, damit sie lange halten.

Neben der Ordnung im Raum spielt auch die Ordnung in der Zeit eine wichtige Rolle. Mit dieser Übung erfahren die Kinder die zeitliche Orientierung innerhalb des Tagesverlaufs.
Sie arbeiten am besten auf einem Teppich.
Zeigen Sie dem Kind, wie es die Perlenkette auslegt. Junge Kinder ordnen lediglich die einzelnen Karten mit den darauf abgebildeten Aktionen eines Tages und die bereitliegenden Gegenstände zu. Dies bietet sowohl im familiären als auch im institutionellen Rahmen Anlass für Gespräche zu unterschiedlichen Themen: Was machen wir, nachdem alle Kinder in der Kita angekommen sind? Wann ist es Zeit zum Mittagessen? Was geschieht am Nachmittag? Wann gehst du wieder nach Hause?
Ältere Kinder ordnen der Kette zusätzlich die einzelnen Stundenpfeile zu.
Sie lernen dadurch spielerisch den immer wiederkehrenden Tagesrhythmus kennen und üben, sich darin zurechtzufinden.

Die sensiblen Phasen

Maria Montessori erkannte, dass Kinder in gewissen Entwicklungsabschnitten besonders empfänglich für die Aneignung bestimmter Fähigkeiten sind. Sie bezeichnet diese Perioden als sensible Phasen. Es sind Zeitabschnitte von vorübergehender Dauer, in denen das Kind sehr lustvoll, sehr motiviert und dadurch relativ mühelos bestimmte Fähigkeiten und Kompetenzen erwirbt. Seine Aufmerksamkeit richtet sich nun wie ein Scheinwerfer auf die Dinge, die für seine momentane Entwicklung wichtig sind. Alles andere ist weniger interessant. So kann es passieren, dass ein Kind, das gerade laufen lernt, parallel dazu in seiner sprachlichen Entwicklung stagniert. Dies ist kein Grund zur Beunruhigung, denn es wird auch seine Sprache zu gegebener Zeit in einer sensiblen Phase weiterentwickeln. Hat es jedoch nicht die Möglichkeit, sich entsprechend einer sensiblen Periode zu entwickeln, so lernt es die jeweilige Fähigkeit nur mit viel Anstrengung und großem Willen.

Maria Montessori arbeitet von 0–6 Jahren mit einer großen sensiblen Phase, die sie wiederum in Unterphasen gliedert:

0–6 Jahre: Sensible Phase für Ordnung, Bewegung und Sprache
3–6 Jahre: Sensibilität für soziales Zusammenleben
Sensibilität für Bewusstseinsentwicklung
Sensibilität für Vervollkommnung bereits erworbener Fähigkeiten
6–12 Jahre: Sensibilität für neue soziale Beziehungen
Sensibilität für die Entwicklung eines moralischen Bewusstseins
Sensibilität für Abstraktionen

Das Kehr-Tablett

Sie benötigen: kleine Kehr-Garnitur (Schaufel und Handfeger), kleiner Eimer, Kehrmaterial (z. B. dicke Bohnen, Papierkügelchen etc.), Kreis mit ca. 10 cm Durchmesser aus dünner Folie, Tablett

Tragen Sie mit dem Kind das Material zum Arbeitsplatz. Legen Sie den Kreis auf den Tisch und schütten Sie das Material aus dem Eimer (Kehrgut) darauf. Nehmen Sie die kleine Schaufel und den Handfeger: Kehren Sie langsam und mit deutlichen Bewegungen das Material auf die Schaufel. Anschließend schütten Sie es in den kleinen Eimer. Ist alles aufgekehrt, bitten Sie das Kind, die Übung zu wiederholen.

Besteck sortieren

Sie benötigen: Besteckkasten mit 5 Einteilungen, 4 Teelöffel, 4 Suppenlöffel, 4 Gabeln, 4 Messer, 4 unterschiedliche Kochgeschirr-Helfer (Schälmesser, Backpinsel, Dosenöffner, kleiner Schneebesen u. Ä.), Vorlagen mit den jeweiligen Besteckteilen, länglicher Korb, Tablett

Legen Sie die Vorlagen in jeweils ein Fach des Besteckkastens.
Tragen Sie mit dem Kind das Tablett zum Tisch. Nehmen Sie ein Besteckteil aus dem Korb, benennen Sie es und legen Sie es in das Fach des Besteckkastens mit der entsprechenden Vorlage. Sortieren Sie jeweils in jedes Fach ein weiteres Besteckteil, nachdem Sie es benannt haben. Bitten Sie das Kind, die restlichen Bestecke den Bildern in dem Besteckkasten zuzuordnen. Sind alle Teile einsortiert, wiederholt das Kind die Übung selbstständig, oder es bringt sie zurück an seinen Platz im Regal.
Weitere Möglichkeit: Ältere Kinder sortieren das Besteck ohne Bildvorlagen in den Besteckkasten ein.

Socken paaren

Sie benötigen: 5–6 Paar Kindersocken, 2 Körbchen, Tablett

Legen Sie die Socken einzeln in eines der Körbchen.
Suchen Sie ein Paar passender Socken aus dem Körbchen und zeigen Sie dem Kind langsam und deutlich, wie Sie die einzelnen Socken zusammenlegen. Verfahren Sie immer nach dem gleichen Prinzip, damit das Kind sich die einzelnen Handlungsschritte einprägen kann.
Laden Sie das Kind ein, ebenfalls tätig zu werden. Gepaarte Socken kommen in das zweite Körbchen.
Sind alle Socken zusammengesteckt, werden sie wieder auseinandergezogen und in das nun leere Körbchen gelegt. So kann das nächste Kind direkt mit der Arbeit beginnen.
Das Kind wiederholt die Übung, oder das Tablett kommt zurück an seinen Platz im Regal.

! *Gut zu wissen!*
Achten Sie darauf, dass sich immer nur das zur Übung nötige Material auf dem Tisch (oder Arbeitsteppich) befindet. So wird das Kind nicht unnötig abgelenkt und kann sich besser konzentrieren.

Haselnüsse finden

Sie benötigen: viele Walnüsse, ca. 10 Haselnüsse, großer Korb, 1 kleines Schälchen, Tablett

Mischen Sie die Nüsse in dem großen Korb. Achten Sie darauf, dass alle Haselnüsse in das kleine Schälchen passen.

Tragen Sie mit dem Kind den Korb vom Regal/Schrank zu einem Teppich oder einem Tisch. Suchen Sie zwei bis drei Haselnüsse aus dem Korb und geben Sie sie in das kleine Schälchen. Lassen Sie dann das Kind tätig werden. Hat es alle Haselnüsse gefunden, werden sie wieder zurück in den Korb gegeben.

Das Kind kann die Übung wiederholen oder das Tablett an seinen Platz wegräumen. Indem Sie z. B. genau zehn Haselnüsse unter die Walnüsse mischen, kann ein Kind, das schon gut zählen kann, seine Arbeit kontrollieren. Indem es die Haselnüsse, die es gefunden hat, zählt, weiß es, ob alle da sind oder sich eine Haselnuss noch versteckt. Liegen alle zehn in dem Schälchen, ist die Übung beendet.
Weitere Möglichkeit: Das Kind arbeitet mit einer Augenbinde und findet die Haselnüsse, indem es sie ertastet.

Die Farbplättchen

Sie benötigen: Pappe in 9 Mischfarben sowie in Schwarz und Weiß, längliche Kiste
Vorbereitung: Schneiden sie aus der Pappe von jeder Farbe jeweils zwei gleich große Streifen (ca. 6 x 4 cm). Laminieren Sie die Streifen, damit sie lange halten, und sortieren Sie sie in die Kiste. Alternativ können Sie das Original Montessori-Material kaufen.

Legen Sie eine Farbserie (= ein Streifen jeder Farbe) untereinander auf dem Tisch aus. Beginnen Sie mit der obersten Farbe. Suchen Sie die passende zweite Farbkarte und legen Sie sie daneben. Verfahren Sie mit den nächsten drei bis vier Farbkarten ebenso. Lassen Sie dann die Übung vom Kind weiterführen, bis alle Farben einander zugeordnet sind.
Entweder räumen Sie dann die Farbkiste mit dem Kind wieder weg, oder es arbeitet alleine damit weiter.
Weitere Möglichkeit: Das Kind bringt einen Farbsatz in einen anderen Raum oder legt ihn auf einem etwas weiter entfernten Tisch ab. Bitten Sie es nun, Ihnen z. B. Orange zu holen. Das Kind muss sich nun die Farbe merken (Schulung des Farbgedächtnisses) und Ihnen bringen. Das Spiel wird so lange wiederholt, bis alle Farben einander zugeordnet sind.

Knopfreihen legen

Sie benötigen: viele Knöpfe in unterschiedlichen Farben, Formen, Materialien und Größen; Korb; großes Tablett

Legen Sie mit den Knöpfen eine kurze Reihe. Beginnen Sie zunächst mit einfachen Mustern, z. B. ein blauer Knopf, ein roter Knopf, ein gelber. Lassen Sie das Kind die Reihe weiterführen.
Das Kind kann auch eigene Reihen legen und komplizierte Folgen bilden.
Weitere Möglichkeit: Bilden Sie Reihen mit unterschiedlichen Schwierigkeitsgraden. Fotografieren Sie diese und legen Sie die Fotos zum Material. Das Kind wählt ein Bild aus und legt die abgebildete Reihe nach.

Die Polarisation der Aufmerksamkeit

Maria Montessori war eine gute Beobachterin. Sie stellte immer wieder fest, dass Kinder bei einer handelnden Auseinandersetzung mit einem Material in tiefe Konzentration versanken. Nichts konnte sie von ihrer Tätigkeit ablenken. Sie bezeichnete dieses Phänomen als *„Polarisation der Aufmerksamkeit"*. War die Arbeit beendet, wirkten die Kinder stets entspannt, ausgeruht, glücklich und zufrieden.
Maria Montessori erkannte, wie wichtig solche Zeiten für die gesunde Entwicklung des Kindes sind und welche Bedeutung sie für das Lernen haben. Sie machte die Polarisation der Aufmerksamkeit daher zum Kern ihrer Pädagogik. Sie forschte intensiv nach den Bedingungen, die gegeben sein müssen, damit Kinder zur Polarisation der Aufmerksamkeit gelangen. Dazu zählen:

- die Bereitstellung entsprechender Gegenstände
- die vorbereitete Umgebung
- die freie Wahl der Tätigkeit, des Materials, der Sozialform und des Arbeitsplatzes
- die Wiederholung der Übungen
- die vertrauensvolle Atmosphäre, auch zwischen Kind und Erwachsenem

Gummi, Metall, Holz ...

Sie benötigen: je 4–5 kleine Gegenstände aus unterschiedlichen Materialien (Holz, Gummi, Metall, Plastik, Glas), Korb, Sortierbox, Fotos mit Abbildungen der jeweiligen Materialgruppen, je 1 Foto mit allen Gegenständen der einzelnen Materialgruppen (= Fehlerkontrolle), Klebefolie, großes Tablett
Vorbereitung: Kleben Sie die Fotos der Materialgruppen mit Klebefolie in die Fächer der Sortierbox.

Zeigen Sie dem Kind die einzelnen Bilder und benennen Sie die Materialien (Glas, Holz, Metall etc.). Nehmen Sie dann einen beliebigen Gegenstand aus dem Korb. Benennen Sie ihn und überlegen Sie mit dem Kind, aus welchem Material er besteht. Legen Sie ihn in das entsprechende Fach der Sortierbox. Verfahren Sie mit drei bis vier weiteren Gegenständen ebenso. Bitten Sie nun das Kind, die Arbeit fortzuführen. Sind alle Materialien einsortiert, kann das Kind anhand der Fotos erkennen, ob es richtig gearbeitet hat.
Am Ende werden alle Gegenstände wieder in den Korb gelegt. Das Kind kann das Tablett zurück ins Regal stellen oder noch einmal alles einsortieren.
Tauschen Sie von Zeit zu Zeit die Materialien aus. Dann bleibt dieses Spiel lange interessant.

Von kurz nach lang

Sie benötigen: Kordel, Schere, Körbchen, großes Tablett
Vorbereitung: Schneiden Sie die Kordel in zehn unterschiedlich lange Stücke. Das kürzeste ist 10 cm lang, das längste 1 Meter.

Bringen Sie mit dem Kind das Material zu einem Teppich.
Zeigen Sie dem Kind die einzelnen Kordelstücke und legen Sie sie ungeordnet auf den Teppich. Nehmen Sie die kürzeste Kordel und legen Sie sie vor sich. Fahren Sie sie mit der Hand in der Länge ab. „Das ist kurz."
Nehmen Sie die längste Kordel und verfahren Sie damit ebenso. „Das ist lang."
Lassen Sie das Kind die Kordel ebenfalls mit der Hand „messen".
Nehmen Sie zwei weitere Kordeln und benennen Sie sie ebenfalls als kurz oder lang.
Wiederholen Sie die Übung dann mit den restlichen Kordeln. Sie ist nun beendet. Die Kordeln werden wieder in den Korb gelegt.
Das Kind wiederholt die Übung oder bringt das Tablett zurück an seinen Platz.
Weitere Möglichkeit für ältere Kinder: Das Kind sortiert alle Kordeln untereinander von kurz nach lang oder von lang nach kurz.

Groß, klein, kleiner

Sie benötigen: 15 Unterlegscheiben in 3 verschiedenen Größen, Pappe, Laminiergerät, Kopierer, Tablett, kleines Schälchen
Vorbereitung: Kopieren Sie die Unterlegscheiben. Legen Sie sie dazu ungeordnet auf den Kopierer und stellen Sie ihn so ein, dass die Unterlegscheiben fast schwarz erscheinen.
Kleben Sie das Blatt auf etwas festere Pappe und laminieren Sie es, damit es länger hält. Schneiden Sie die Vorlage so zurecht, dass sie auf das Tablett passt. Geben Sie die Unterlegscheiben in das Schälchen.

Alle Materialien liegen auf dem Tablett bereit. Nehmen Sie eine beliebige Unterlegscheibe und ordnen Sie sie der passenden Kontur zu. Verfahren Sie mit zwei bis drei weiteren Unterlegscheiben ebenso. Bitten Sie dann das Kind, die Übung zu übernehmen.
Sind alle Unterlegscheiben zugeordnet, werden sie wieder zurück in das Schälchen gelegt. Das Kind wiederholt die Übung oder bringt sie zurück ins Regal.
Weitere Möglichkeiten: Fertigen Sie eine weitere Vorlage an, auf der die Konturen der Unterlegscheiben nur mit dünnem Fineliner umrandet sind.
Führen Sie die Begriffe „groß, klein, kleiner" in einer Drei-Stufen-Lektion ein (siehe S. 88).

Schrauben sortieren

Sie benötigen: Sortierbox mit 6 Fächern, je 5 x 6 unterschiedlich große Schrauben, Schälchen, Tablett

Machen Sie das Kind darauf aufmerksam, dass die Schrauben sich durch ihre Länge voneinander unterscheiden. Nehmen Sie eine beliebige Schraube aus dem Schälchen und legen Sie sie in ein Fach der Sortierbox. Verfahren Sie mit drei bis vier weiteren Schrauben ebenso. Laden Sie das Kind ein, die Übung fortzusetzen.
Sind alle Schrauben richtig sortiert, ergibt sich ein geordnetes Gesamtbild. Zudem müssen in jedem Fach fünf Schrauben liegen.
Das Kind räumt die Schrauben wieder zurück in das Schälchen. Es kann die Arbeit nun selbstständig wiederholen oder zurück zum Regal bringen.

Die Analyse der Bewegungen

Maria Montessori ist es wichtig, dass der Erwachsene mit einem neuen Angebot – zum Beispiel einem Tablett zum Wasserschütten – immer zuerst eine Analyse der Bewegungen durchführt.
Er sollte also immer erst selbst testen, wie ein Angebot funktioniert. Dabei wird das Bewegungsganze in einzelne, aufeinander folgende Handlungsschritte gegliedert. Herausgearbeitet werden nur die Bewegungen, die wirklich nötig sind, um eine Übung durchzuführen.
Diese Vorgehensweise macht zudem deutlich, welche Materialien in welcher Anordnung nötig sind. Sie zeigt des Weiteren im Vorfeld, welche Schwierigkeiten eventuell beim Kind auftreten könnten.
Die Analyse der Bewegungen ist eine wichtige Voraussetzung dafür, dass das Kind eine komplexe Handlung versteht und lernt, sie möglichst korrekt und ökonomisch, also ohne überflüssige und ungenaue Bewegungen, auszuführen. Die Reihenfolge der Handlungen sollte dabei immer eingehalten werden, denn sie gibt dem Kind Orientierung und Sicherheit.

Bänder rollen

Sie benötigen: 4–5 unterschiedlich breite Bänder (z. B. gewebt), ca. 20 cm lang; Körbchen; Tablett

Nehmen Sie ein beliebiges Band aus dem Körbchen. Legen Sie es senkrecht vor sich auf den Tisch und streichen Sie es glatt.
Beginnen Sie nun, langsam das Band von unten nach oben aufzurollen. Achten Sie darauf, dass die Ränder bündig aufeinanderliegen. Sind Sie am Ende angekommen, kontrollieren Sie die Rolle und legen Sie sie zur Seite. Fordern Sie das Kind auf, sich ein Band auszusuchen und aufzurollen.
Sind alle Bänder gerollt, werden sie wieder zurück in den Korb gelegt. Die Arbeit ist beendet. Das Kind kann sie wegräumen oder die Übung wiederholen.

2. SELBSTSTÄNDIGKEIT UND INDIVIDUALITÄT

„Hilf mir, es allein zu tun."

Maria Montessori: Kinder sind anders

Kinder wollen schon sehr früh vieles alleine machen, um selbstständig und unabhängig vom Erwachsenen zu werden.

Die Montessori-Pädagogik unterstützt sie darin vor allem mit den „Übungen des praktischen Lebens". Bereits sehr junge Kinder können sich in einer vorbereiteten Umgebung darin üben, z. B. eine Jacke allein anzuziehen, mit einem Löffel umzugehen oder mit einer Schere zu hantieren. Durch ihr selbstständiges Tun und durch die Wiederholung einer Tätigkeit lernen sie, diese zu verstehen, zu verinnerlichen und immer mehr zu kultivieren.

Entsprechende Übungen können mit Alltagsgegenständen aus dem Umfeld der Kinder einfach und ganz individuell selbst zusammengestellt werden. Die Angebote befriedigen und lenken den starken Nachahmungstrieb und Bewegungsdrang der Kinder, machen Arbeitsprozesse deutlich, lassen Selbstwirksamkeit erfahren. Die Kinder werden in ihrer Individualität wahrgenommen, respektiert, geschätzt und unterstützt. All dies trägt dazu bei, dass sie zu eigenverantwortlichen, selbstbewussten und eigenständigen Persönlichkeiten heranwachsen

Eine Jacke anziehen

Sie benötigen: eine Jacke des Kindes, Ihre Jacke

Legen Sie Ihre Jacke auf den Boden. Das Innenfutter liegt oben, die Kapuze/der Kragen zu Ihren Füßen. Stecken Sie Ihre Arme in die Jackenärmel. Heben Sie die Arme hoch und ziehen Sie sie mit Schwung über den Kopf.
Achten Sie darauf, dass das Rückenteil nach unten rutscht.
Schieben Sie die Arme komplett in die Jackenärmel. Ziehen Sie die Jacke zurecht.
Fordern Sie nun das Kind auf, seine Jacke ebenfalls mit dieser Technik selbstständig anzuziehen.

Hände waschen

Sie benötigen: kleiner Tisch, große Schüssel, Eimer, Handtuch, Abwischtuch, Krug mit Wasser, Seife mit Seifenschale, Bodentuch

Schieben Sie die Pulli-, Hemd- oder Blusenärmel hoch. Nehmen Sie den Krug und schütten Sie einen Teil des Wassers vorsichtig in die Waschschüssel. Stellen Sie den Krug zurück. Befindet sich Wasser am Hals des Kruges, wischen Sie es mit einem Tuch ab.
Tauchen Sie Ihre Hände kurz in das Wasser. Nehmen Sie sie heraus und lassen Sie das Wasser abtropfen.
Reiben Sie die Hände mit Seife ein. Reiben Sie die Handinnenflächen, die Handrücken, die einzelnen Finger und die Haut zwischen den Fingern ein.
Tauchen Sie die Hände ins Wasser und wischen Sie den Seifenschaum ab.
Nehmen Sie sie wieder aus dem Wasser und warten Sie einen Augenblick, bis das Wasser abgetropft ist. Trocknen Sie sich dann mit dem Handtuch ab.
Nehmen Sie die Schüssel und schütten Sie das schmutzige Wasser in den Eimer.
Geben Sie vorsichtig ein wenig von dem restlichen sauberen Wasser aus der Kanne in die Schüssel und reinigen Sie sie damit. Schütten Sie das Wasser ebenfalls in den Eimer und trocknen Sie die Schüssel mit dem Handtuch.
Kontrollieren Sie, ob Wasser auf den Tisch oder den Boden getropft ist und wischen Sie es gegebenenfalls auf.
Führen Sie alle Schritte langsam und deutlich vor und achten Sie darauf, dass das Kind Sie gut beobachten kann. Lassen Sie es nun seine Hände waschen.

Nase putzen

Sie benötigen: Spiegel mit kleiner Ablage, Kosmetiktücher-Box, kleiner Mülleimer, Tablett

Stellen oder setzen Sie sich mit dem Kind vor den Spiegel. Zeigen Sie ihm, wie ein einzelnes Kosmetiktuch aus der Box gezogen wird. Führen Sie dann mit langsamen und deutlichen Bewegungen vor, wie man sich das Tuch auf die Hand legt, es zur Nase führt und sich die Nase putzt. Kontrollieren Sie noch einmal im Spiegel Ihr Gesicht. Entsorgen Sie am Ende das Kosmetiktuch im Mülleimer.
Fordern Sie das Kind auf, sich die Nase zu putzen.

> **Gut zu wissen!**
> *Als Maria Montessori sich vor einer Gruppe von Kindern mit einem Stofftaschentuch die Nase putzte, beobachtete sie deren Faszination und Interesse an dieser Tätigkeit. Sie hat daraufhin eine Übung des praktischen Lebens daraus entwickelt.*

Das Gesicht eincremen

Sie benötigen: kleines Döschen mit neutraler Creme, Haarband, Standspiegel, Kosmetiktücher-Box, kleiner Mülleimer, Tablett
Wichtig: Benutzen Sie eine Creme, die für Kinder geeignet ist!

Zeigen Sie dem Kind, wie man sich das Gesicht eincremt. Ziehen Sie sich dazu das Haarband über, sodass keine Haare mehr ins Gesicht fallen können.
Öffnen Sie das Creme-Döschen. Nehmen Sie mit Zeige- und Mittelfinger etwas Creme auf. Tupfen Sie diese auf mehrere Stellen im Gesicht (Nase, Stirn, Wangen, Kinn). Verreiben Sie nun die Creme im Gesicht. Beobachten Sie sich dabei im Spiegel. Kontrollieren Sie zum Schluss, ob sich noch irgendwo Cremereste befinden.
Haben Sie noch Creme an den Händen, wischen Sie sie mit einem Kosmetiktuch ab. Entsorgen Sie das Tuch im Mülleimer.
Ziehen Sie das Haarband ab und lassen Sie die Übung vom Kind durchführen.

Was Lara beim Eincremen lernt

Lara, gerade mal 2,5 Jahre, beschäftigt sich seit einigen Tagen immer wieder mit dem Übungstablett zum Eincremen des Gesichts.
Nun wollen wir in den Garten. „Lara leine!" Damit gibt sie mir unmissverständlich zu verstehen, dass sie sich heute alleine die Sonnenmilch auf Armen, Beinen und im Gesicht verreiben will. Es gelingt ihr auch mit ein klein wenig Unterstützung. Hoch konzentriert, mit viel Fingerspitzengefühl und in ihrem eigenen Tempo, verreibt sie hingebungsvoll die Creme auf allen Körperteilen. Als sie sich noch einmal im Spiegel betrachtet und wir noch ein paar weiße Stellen im Gesicht entdecken, bessert sie nach und geht schließlich hoch zufrieden in den Garten. Sie war mehr als zehn Minuten mit dieser Arbeit beschäftigt!
Warum war es wichtig, dass Lara sich selbst eincremen konnte? Hier einige Antworten auf diese Frage:

- Sie konnte das, was sie in einer Übung des praktischen Lebens immer wieder geübt hat, im Alltag anwenden (siehe: Das Gesicht eincremen, S. 25).
- Sie konnte ihren Bewegungsdrang in einer sinnvollen Arbeit ausleben und befriedigen.
- Sie hat ihre Bewegungen koordiniert und verfeinert.
- Sie hat ihren Tastsinn geschult.
- Sie ist mit ihren unterschiedlichen Körperteilen in Berührung gekommen.
- Ihr Wortschatz hat sich erweitert, da wir die Materialien und Handlungen immer wieder benannt haben.
- Sie hat gelernt, sich selbst zu kontrollieren, einen „Fehler" zu erkennen und zu korrigieren (Blick in den Spiegel und Creme noch einmal verreiben).
- Sie war über zehn Minuten hoch konzentriert und hat somit ihre Konzentrationsfähigkeit geschult.
- Sie hat Selbstwirksamkeit erfahren.
- Sie hat die Arbeit von Anfang bis Ende selbstständig ausgeführt. So konnte sie den kompletten Handlungszyklus kennenlernen.
- Sie ist selbstständiger und unabhängiger geworden und kann sich nun alleine eincremen.

Sind Sie auch überrascht, wie viel Lara gelernt hat, nur indem sie sich selbst eingecremt hat? Ich finde es immer wieder wichtig, sich diese Entwicklungsschritte bewusst zu machen.

Metall putzen

Sie benötigen: Metallputzmittel (abgefüllt in einer kleinen Flasche), kleines Glasschälchen, Watte, kleiner Abfalleimer, Poliertuch, Metallgegenstand, Tischset, Tablett

Tragen Sie mit dem Kind das Tablett zu einem Tisch. Bereiten Sie den Arbeitsplatz vor, indem Sie alle Materialien in der Reihenfolge, in der sie gebraucht werden, von links nach rechts anordnen.
Geben Sie ein klein wenig von dem Metallputzmittel in das kleine Glasschälchen. Tauchen Sie die Watte in das Putzmittel und verteilen Sie es langsam, mit kleinen kreisenden Bewegungen auf dem Metallgegenstand. Entsorgen Sie die Watte dann im Abfalleimer.
Ist das Putzmittel eingezogen, bildet sich in der Regel ein weißer Film. Entfernen Sie ihn mit sauberer Watte. Machen Sie das Kind auf den Schmutz an der Watte aufmerksam.
Zum Schluss polieren Sie mit dem weichen Tuch den Gegenstand, bis er glänzt. Fordern Sie das Kind auf, ebenfalls einen Metallgegenstand zu polieren.
Wichtig: Achten sie darauf, dass es sich nach der Übung die Hände wäscht.

Den Boden fegen

Sie benötigen: Kehrgarnitur für Kinder, Kinderbesen, kleiner Mülleimer, Klebefolie

Kleben Sie einen Kreis aus Klebefolie auf den Boden, am besten dort, wo z. B. ein Sandtablett o. Ä. in der Nähe steht. Er gibt den Kindern zu Beginn des Fegenlernens Orientierung im Raum. Installieren Sie alle Materialien an einem festen Platz.
Holen Sie mit dem Kind die Materialien. Zeigen Sie dann langsam und deutlich, wie der Besen gehalten und wie damit der Schmutz auf den Klebepunkt gefegt wird: Nehmen Sie Schaufel und Handfeger. Fegen Sie den Schmutz auf die Schaufel und entsorgen Sie ihn in dem Mülleimer.
Bringen Sie am Ende gemeinsam mit dem Kind wieder alle Gegenstände zurück an ihren Platz.

> **_Gut zu wissen!_**
> *Berücksichtigen Sie immer den Entwicklungsstand der Kinder und passen Sie die Übungen nach Möglichkeit an. Ältere Kinder können z. B. anstelle des Klebepunktes an jeder beliebigen Stelle des Raumes mit Kreide einen Kreis auf den Boden malen, in dem sie dann den Dreck sammeln, bevor er aufgefegt wird.*

Tücher falten

Sie benötigen: 4 unifarbene quadratische Tücher (ca. 20 x 20 cm), Nähmaschine, Nähgarn, Tablett
Vorbereitung: Nähen Sie Linien auf die Tücher: 1. Tuch: Diagonale, 2. Tuch: zwei Diagonalen (Kreuz), 3. Tuch: Mittelline längs, 4. Tuch: zwei Mittellinien längs (Kreuz)

Beginnen Sie mit dem Tuch mit der diagonalen Linie. Legen Sie es vor sich und machen Sie das Kind auf die Naht aufmerksam. Fahren Sie mit zwei Fingern über die Naht. Nehmen Sie nun eine Ecke und legen Sie sie zur gegenüberliegenden Seite entlang der aufgenähten Linie. Streichen Sie das Tuch glatt und schieben Sie es zur Seite. Zeigen Sie dem Kind langsam und deutlich, wie die restlichen Tücher gefaltet werden.

Der Reisekoffer

Sie benötigen: kleiner Kinderkoffer, Korb, Kinderkleidung in kleinen Größen oder Puppenkleidung (höchstens 5–6 Teile) passend zur aktuellen Jahreszeit

Zeigen Sie dem Kind, wie der Koffer geöffnet wird. Nehmen Sie ein beliebiges Kleidungsstück aus dem Korb. Legen Sie es vor sich auf den Tisch und falten Sie es zusammen. Legen Sie das Teil dann in den Koffer.
Verfahren Sie mit den restlichen Kleidungsstücken ebenso.
Liegen alle Kleider gefaltet im Koffer, verschließen Sie ihn. Schieben Sie ihn zum Kind. Es öffnet den Koffer, nimmt alle Kleider wieder heraus und wiederholt die Übung.

Schaum schlagen

Sie benötigen: kleiner Hand-Schneebesen, Spülmittel, Schüssel mit warmem Wasser, wasserfestes Tablett, Tuch

Geben Sie Spülmittel in das warme Wasser. Je mehr, desto mehr Schaum.
Da das Tablett schwer zu transportieren ist, sollte es an einem festen Platz stehen, an dem die Kinder damit arbeiten können.
Zeigen Sie dem Kind, wie es den Schneebesen halten und benutzen muss, damit sich Schaum in der Schüssel bildet. Lassen Sie es dann alleine damit arbeiten. Wasser, das auf das Tablett, den Tisch oder den Boden läuft, wird mit dem bereitliegenden Tuch aufgewischt.

Der absorbierende Geist

Vor allem in den ersten beiden Lebensjahren sammelt und speichert das Kind die unterschiedlichsten Eindrücke und sogar kleinste Details aus seiner Umgebung. Dies geschieht automatisch, mühelos, schnell, ganzheitlich, aber zunächst noch unreflektiert, einfach indem es „lebt". Das Kind kann sich dadurch unbewusst ein Bild seiner Umgebung, der Sprache, der Kultur usw. machen, in der es aufwächst, und all diese Merkmale in seiner Persönlichkeit verankern. Maria Montessori bezeichnet diese besondere Fähigkeit als „absorbierenden Geist".

Er ist von Geburt an wirksam, nimmt aber mehr und mehr in dem Maße ab, in dem das Bewusstsein des Kindes sich entwickelt.

Maria Montessori weiß um die besondere Bedeutung der ersten Lebensjahre, auch wenn sich der Schwerpunkt ihrer Pädagogik auf die nachfolgenden Altersstufen konzentriert. Sie fordert vom Erwachsenen, bereits während der Säuglings- und Kleinkindzeit nichts dem Zufall zu überlassen, sondern auch hier schon die Entwicklung des Kindes mit größter Sorgfalt zu beobachten und zu unterstützen. Hierzu zählt zum Beispiel, das Kind am Familien- und Alltagsleben teilhaben zu lassen und es so mit der Welt in Kontakt zu bringen.

Reis schütten

Sie benötigen: 2 kleine Glaskannen mit Griff, Reis, Tablett

Füllen Sie eine der Glaskannen mit Reis.
Bitten Sie das Kind, das Tablett zum Tisch zu tragen.
Nehmen Sie die Kanne mit Reis und schütten Sie den Reis langsam und vorsichtig in die leere Kanne.
Wiederholen Sie dies mit der nun vollen Kanne. Benutzen Sie dazu die andere Hand.
Wechseln Sie mehrmals die Hand und tauschen Sie nicht den Platz der Kannen.
Durch die abwechselnde Tätigkeit der Hände werden beide Gehirnhälften aktiviert.
Laden Sie das Kind dazu ein, die Übung durchzuführen.
Reis fließt wesentlich langsamer als Wasser. Daher eignet er sich als Schüttgut, bevor Wasser zum Einsatz kommt.

Weitere Möglichkeiten: Das Kind schüttet andere Materialien (Grieß, gefärbtes Wasser etc.).
Tauschen Sie die Kannen aus (undurchsichtige, hohe, flache, schwere, leichte Kannen).

Stifte spitzen

Sie benötigen: einfacher oder doppelter Anspitzer, kleines Schälchen, kleine Ablage für den Anspitzer, Glas oder Becher, Tablett

Stellen Sie das Tablett in die unmittelbare Nähe der Malstifte. Achten Sie darauf, dass die Stifte in den Anspitzer passen.
Suchen Sie mit dem Kind Stifte aus dem Stiftständer, die gespitzt werden müssen. Stellen Sie sie mit der stumpfen Spitze nach unten in das Glas auf dem Tablett. Das Kind trägt das Tablett zum Tisch.
Zeigen Sie ihm den Anspitzer und benennen Sie ihn. Führen Sie den Stift in den Anspitzer und spitzen Sie ihn. Der Abrieb fällt in das kleine Schälchen. Prüfen Sie, ob die Spitze des Stiftes spitz genug ist. Stellen Sie den Stift dann zurück in das Gläschen, dieses Mal jedoch mit der Spitze nach oben.
Laden Sie das Kind ein, ebenfalls einen Stift zu spitzen. Sind alle Stifte gespitzt, wird das Tablett zurück an seinen Platz getragen und die Stifte wieder in den Stiftständer geräumt.

> **! *Gut zu wissen!***
> *Maria Montessori hält nichts davon, Kinder für eine Arbeit überschwänglich zu loben. Dies stört meist nur ihre Tätigkeit und unterbricht ihre Konzentration. Besser ist es, sich am Ende der Übung mit dem Kind über das gelungene Ergebnis zu freuen und auszutauschen.*

Papier schneiden

Sie benötigen: Kinderschere, Papierstreifen aus etwas festerem Papier (ca. 1 cm breit und 10 cm lang), längliche Schachtel, Schälchen, Tablett

Bringen Sie mit dem Kind das Tablett zum Tisch.
Nehmen Sie die Schere in die eine, den Papierstreifen in die andere Hand. Schneiden Sie den Streifen mit immer einem einzigen Schnitt in möglichst kleinen Stücken ab. Achten Sie darauf, dass die Schnipsel in das Schälchen fallen. Übergeben Sie die Arbeit dem Kind. Es kann sie so lange fortführen, wie es möchte. Am Ende entsorgt es die Schnipsel im Mülleimer und bringt das Tablett zurück an seinen Platz.
Weitere Möglichkeiten: Bieten Sie den Kindern Papierstreifen mit geraden und schrägen Strichen an. Die Kinder schneiden auf der Linie.

Gläser öffnen und schließen

Sie benötigen: Gläser in unterschiedlichen Größen mit Schraubdeckel, Körbchen, Tablett

Stellen Sie die Gläser auf das Tablett. Die Deckel kommen in das Körbchen.
Nehmen Sie die Gläser vom Tablett und stellen Sie sie hintereinander auf. Legen Sie wahllos je einen Deckel neben ein Glas.
Nehmen Sie nun das erste Glas und prüfen Sie, ob der danebenliegende Deckel passt. Ist dies der Fall, schrauben Sie ihn langsam auf und stellen das Glas zur Seite. Passt er nicht, legen Sie den Deckel zur Seite und nehmen den nächsten. Dies wird so lange wiederholt, bis der passende Deckel gefunden ist.
Ordnen Sie nun alle Deckel wieder hintereinander an und arbeiten Sie mit dem nächsten Glas weiter.
Sind alle Gläser verschlossen, schrauben Sie die Deckel wieder ab und legen Sie sie in den Korb. Das Kind kann jetzt die Übung durchführen.

> **!** ***Gut zu wissen!***
> *Durch die Tätigkeit der Hand wird die geistige Entwicklung des Kindes gefördert. Maria Montessori erachtet es daher als wichtig, die Handmotorik des Kindes so früh wie möglich mit abwechslungsreichen, sinnvollen Übungen zu schulen. Machen Sie den Kindern also viele interessante Angebote zum Hantieren.*

Grieß löffeln

Sie benötigen: Suppenlöffel, Grieß, 3 gleiche Schälchen, eine Schüssel, Tablett
Vorbereitung: Füllen Sie die drei kleinen Schälchen gleichmäßig mit Grieß. Geben Sie den Grieß dann in die große Schüssel.

Löffeln Sie mit dem Suppenlöffel vorsichtig Grieß und geben Sie ihn in das erste Schälchen. Füllen Sie das Schälchen, bis es fast voll ist. Verteilen Sie den restlichen Grieß auf die beiden anderen Schälchen. Sind alle drei gleichmäßig gefüllt, schütten Sie den Grieß wieder zurück in die Schüssel. Das Kind kann sich nun im Löffeln üben.
Weitere Möglichkeiten: Legen Sie andere Löffel bereit.
Bieten Sie dem Kind Sand, Reis, Linsen usw. zum Löffeln an.

Einen Zopf flechten

Sie benötigen: 3 verschiedenfarbige Bänder, Klemmbrett

Befestigen Sie die Bänder mit der Klammer am Klemmbrett. Zeigen Sie dem Kind, wie die Bänder geflochten werden und dadurch ein Zopf entsteht. Orientieren Sie sich an der von Ihnen zuvor durchgeführten Bewegungsanalyse (siehe S. 22). Arbeiten Sie langsam und mit großen Bewegungen.
Ist der Zopf geflochten, lösen Sie ihn langsam wieder auf. Auch hier müssen Sie auf deutliche Bewegungen achten.
Laden sie das Kind dazu ein, die Übung durchzuführen.

Eine Kerze anzünden

Sie benötigen: Kerze, feuerfester Untersetzer, Streichholzschachtel mit langen Streichhölzern, Schälchen mit Sand, Kerzenlöscher, Tablett

Bei dieser Übung lernen die Kinder, verantwortungsbewusst mit Feuer umzugehen. Lassen Sie sie jedoch nicht unbeaufsichtigt mit dem Material arbeiten und treffen Sie entsprechende Sicherheitsmaßnahmen (Rettungsdecke bereitlegen, auf brennbare Materialien in der Umgebung achten).

Tragen Sie mit dem Kind das Tablett zum Tisch.
Nehmen Sie ein Streichholz aus der Schachtel und zünden Sie es an. Arbeiten Sie dabei vom Körper weg. Zünden Sie die Kerze an. Drehen Sie sich zur Seite und pusten Sie das Streichholz aus. Stecken Sie es mit dem Kopf in den Sand. Lassen Sie die Kerze kurz brennen und beobachten Sie die Flamme. Dann pusten Sie sie aus oder ersticken die Flamme mit dem Kerzenlöscher.
Fragen Sie das Kind, ob Sie die Übung noch einmal vormachen sollen. Hat es Ihr Tun aufmerksam verfolgt, kann es selbstständig die Kerze anzünden.

Einen Knopf annähen

Sie benötigen: kleine Dose mit 3–4 großen Knöpfen (mit nur 2 Löchern), stumpfe Nähnadel, Nähgarn, runder Stickrahmen, grobmaschiger Stoff, Schere, Tablett

Spannen Sie den Stoff in den Stickrahmen. So kann das Kind ihn besser festhalten. Führen Sie eine Analyse der Bewegungen durch (siehe S. 22) und prägen Sie sich die einzelnen Handlungsschritte ein, die nötig sind, um einen Knopf anzunähen.
Zeigen Sie dem Kind mit langsamen und deutlichen Bewegungen, wie ein Knopf angenäht wird. Sprechen Sie dabei nur so viel wie nötig, damit das Kind sich auf Ihr Tun konzentrieren kann.
Laden Sie am Ende der Übung das Kind ein, ebenfalls einen Knopf auszuwählen und auf den Stoff zu nähen.

> **!** ***Gut zu wissen!***
> *Ein wichtiges Element der Montessori-Methode ist es, während einer Übung, die Sie dem Kind zeigen, nur das Nötigste zu sprechen. So kann das Kind sich auf Ihr Tun konzentrieren und wird nicht unnötig abgelenkt.*

Bananenmilch zubereiten

Sie benötigen: Bananen, Brettchen, Kindermesser, Gabeln, Schale für Abfall, Stabmixer, Milch, hoher Becher, Kinderschürzen

Nach dem Händewaschen ziehen die Kinder die Schürzen an. Jeder nimmt sich ein Brettchen, ein Messer und eine Banane. Zeigen Sie, wie die Banane geschält und möglichst klein geschnitten wird. Mit der Gabel können die Kinder sie anschließend zerdrücken, bevor sie in den Becher kommt. Hier wird sie mit der Milch zusammen püriert.
Alle helfen beim Aufräumen und Saubermachen mit, bevor getestet wird, ob die Bananenmilch gelungen ist.

Butter herstellen

Sie benötigen: Schlagsahne, kleines Schälchen mit Salz, klein geschnittene frische Kräuter, Esslöffel, grobmaschiges Tuch, Sieb, Schüssel, kleine Gläser mit Schraubdeckel

Jedes Kind bekommt ein Glas mit Deckel. Nehmen Sie ebenfalls ein Glas und füllen Sie es bis zur Hälfte mit Schlagsahne. Verschließen Sie es sorgfältig. Schütteln Sie das Glas nun so lange kräftig, bis die Sahne fest wird. Dies kann durchaus bis zu zehn Minuten dauern. In dieser Zeit können Sie ruhig eine kleine Pause einlegen, um den Kindern zu helfen, ihr eigenes Glas zu füllen und zu verschließen. Gemeinsam geht das Schütteln dann weiter.
Ist die Sahne zu Butter geworden, kommt sie in das Tuch und wird noch einmal kräftig über der Schüssel ausgedrückt.
Zum Schluss wird sie mit einer Prise Salz und den Kräutern gemischt. Jetzt ist sie fertig und die Kinder können damit z. B. Brote beschmieren.

3. SINNVOLL UND WAHRNEHMBAR

„Es ist nichts im Verstand, was nicht vorher in den Sinnen war."

John Locke

Kinder nehmen von Geburt an bis etwa zum dritten Lebensjahr über ihre Sinne viele unterschiedliche Eindrücke unbewusst und unreflektiert aus ihrer Umgebung auf. Um diese ordnen, strukturieren, verstehen und benennen zu können, benötigen sie mit zunehmendem Bewusstsein entwicklungsgemäße, vielseitige und abwechslungsreich gestaltete Sinnesübungen. Maria Montessori bietet dem Kind mit ihrem klassischen Sinnesmaterial einen großen Fundus an entsprechenden Übungen an. Sie bezeichnet es als eine Art „Schlüssel zur Welt", betont aber ausdrücklich, dass es nicht mit der Welt an sich zu verwechseln ist.

Viele original Montessori-Sinnesmaterialien lassen sich recht einfach selbst herstellen. Darüber hinaus bietet der Alltag viele Übungsmaterialien und -möglichkeiten.

Abwechslungsreiche sinnliche Aktivitäten schulen die Wahrnehmungsfähigkeit der Kinder, gehen einher mit der Spracherziehung und unterstützen das Kind darin, sich die Welt in ihrer ganzen Vielfalt sinn-voll zu erschließen.

Der Schatzkorb

Sie benötigen: 6–8 unterschiedliche Alltagsgegenstände (z. B. Nagelbürste, Kochlöffel, Metallschälchen, Duplostein, Schlüsselbund etc.), kleiner Korb

Dieses Angebot richtet sich vor allem an junge Kinder, ist aber auch noch für Ältere immer wieder interessant. Da die Materialien noch gerne in den Mund gesteckt werden, müssen sie ungefährlich sein (farbecht, keine losen, verschluckbaren Teile oder Kanten).
Die unterschiedlichen Gegenstände werden in einem kleinen Korb aufbewahrt, den die Kinder jederzeit selbstständig erreichen können. Sie laden zum Berühren, Schmecken, Hören, Riechen, Untersuchen, Staunen und Entdecken ein.
Lassen Sie den Kindern genügend Zeit zum Erkunden. Sind die Dinge mit der Zeit uninteressant, tauschen Sie sie einfach aus.

Schüttelflaschen

Sie benötigen: ca. 6 kleine durchsichtige Plastikflaschen, Füllmaterial (z. B. Watte, Sand, Blätter, Pompons, Couscous, Mais, Kieselsteine etc.), Heißklebepistole mit Kleber, Korb, Augenbinde
Vorbereitung: Füllen Sie die Flaschen mit jeweils einem Material und verkleben Sie den Deckel mit Heißkleber. Stellen Sie alle Flaschen in das Körbchen.

Schon Einjährige spielen sehr gerne mit diesen Flaschen und schütteln sie immer wieder. Dabei machen sie bereits erste Erfahrungen mit den Begriffen laut und leise. Ältere Kinder können die Flaschen dann von laut nach leise oder umgekehrt sortieren und dabei mit einer Augenbinde arbeiten.

Gut zu wissen!
In Montessori-Einrichtungen hat in der Regel jedes Kind seine eigene Augenbinde. Dies ist zum einen aus hygienischen Gründen sinnvoll. Zum anderen können die Kinder so jederzeit selbstständig Übungen machen, bei denen es nicht um die optische Wahrnehmung geht.

Was raschelt da?

Sie benötigen: 8–10 kleine Pappschachteln, Füllmaterial (z. B. kleine Pompons, Büroklammern, Nudeln, dicke Bohnen etc.), Korb, Fotokarten der Materialien, Kistchen, Klebepunkte, Tablett
Vorbereitung: Kleben Sie jeweils Klebepunkte in einer Farbe unter die Pappschachtel und die dazu passende Fotokarte (Fehlerkontrolle).

Bei dieser Übung geht es darum, die Pappschachteln zu schütteln und vom Geräusch, das dabei entsteht, Rückschlüsse auf den Inhalt zu ziehen.
Legen Sie die Fotokarten nebeneinander aus. Nehmen Sie eine beliebige Schachtel. Schütteln Sie sie erst an einem, dann an dem anderen Ohr. Ordnen Sie sie der passenden Fotokarte zu. Verfahren Sie mit einer weiteren Schachtel ebenso. Bitten Sie dann das Kind, die Übung fortzuführen.
Sind alle Schachteln den Karten zugeordnet, kann es seine Arbeit kontrollieren, indem es die Klebepunkte miteinander vergleicht.

Glöckchen paaren

Sie benötigen: 6–8 Paar Glöckchen, Korb, Augenbinde, Tablett

Zeigen Sie dem Kind, wie es die Glöckchen zum Klingen bringt.
Nehmen Sie dann ein beliebiges Glöckchen und lassen Sie es läuten. Nehmen Sie ein weiteres und läuten Sie ebenfalls damit. Klingen beide Glöckchen gleich, werden Sie zur Seite gestellt. Sind sie nicht identisch, geht die Suche weiter.
Beziehen Sie das Kind in die Übung ein. Sie ist beendet, wenn alle Glockenpaare gefunden wurden.
Möchte das Kind die Übung wiederholen, können Sie es bitten, die Augen zu schließen oder die Augenbinde anzuziehen. Mit geschlossenen Augen kann es sich besser auf den Klang der Glöckchen konzentrieren.

Geräuschdöschen

Sie benötigen: 8–12 gleiche Döschen in 2 Farben (z. B. Filmdöschen in Grau und Schwarz), 2 Körbchen, Füllmaterial (z. B. Sand, Linsen, Erbsen, Kies, Mais, Reis), Heißklebepistole mit Kleber, Klebepunkte in 4–6 Farben, Tablett
Vorbereitung: Füllen Sie immer zwei Dosen (eine graue und eine schwarze) mit dem gleichen Material in derselben Menge. Verschließen Sie die Deckel mit Heißkleber. Markieren Sie die Unterseiten identischer Dosen mit Klebepunkten in jeweils einer Farbe.

Mit diesen Geräuschdosen schulen die Kinder ihren Gehörsinn und ihr auditives Gedächtnis. Zeigen Sie ihnen, wie die Döschen zunächst an einem Ohr, dann an dem anderen geschüttelt werden.
Stellen Sie beide Serien mit Abstand nebeneinander auf den Tisch. Schütteln Sie sie und vergleichen Sie sie miteinander. Hören Sie sich gleich an, stellen Sie sie zur Seite. Sind sie unterschiedlich, geht die Suche weiter, bis das passende Döschen gefunden ist.
Die Übung ist beendet, wenn alle Geräuschdosen gepaart sind. Das Kind kontrolliert seine Arbeit mit Hilfe der Klebepunkte an der Unterseite der Döschen.

! *Gut zu wissen!*
Achten Sie darauf, auf welche Seite Sie sich neben das Kind setzen. Arbeitet es überwiegend mit der rechten Hand, setzen Sie sich am besten auf seine rechte Seite. Ist es Linkshänder, setzen Sie sich auf die linke Seite. So kann das Kind Ihr Tun gut beobachten.

Integrierte Selbstkontrolle

Ein besonderes Merkmal der Montessori-Materialien ist eine integrierte Selbstkontrolle. Sie ermöglicht es dem Kind, einen Fehler selbst zu erkennen, ihn eigenständig zu korrigieren und daraus zu lernen. Der Erwachsene muss das Kind also nicht auf seinen Fehler aufmerksam machen. Seine Motivation bleibt dadurch erhalten. Es wird selbstsicherer und unabhängiger vom Erwachsenen. Die Fehlerkontrolle kann, je nach Angebot, visuell, akustisch oder taktil erfolgen. Das Kind sieht das Wasser, das beim Wasserschütten auf das Tablett läuft. Es hört, dass die zwei gepaarten Geräuschdosen gleich oder eben unterschiedlich klingen. Kontrollpunkte unter den Dosen zeigen ihm, ob es richtig gearbeitet hat. Es fühlt und sieht, dass die Stoffe, die es einander zugeordnet hat, unterschiedliche Strukturen haben.

Tastbrettchen

Sie benötigen: 10 Rechtecke aus dicker Pappe oder Holz (ca. 10 x 8 cm), Sandpapier in fünf unterschiedlichen Körnungen, Kleber, Holzkästchen o. Ä., Augenbinde
Vorbereitung: Kleben Sie von jedem Sandpapier zwei Rechtecke auf die Pappe oder das Holz, sodass fünf Paare entstehen.

Mit diesen Tastbrettchen kann das Kind nun insbesondere seinen Tastsinn schulen und die Begriffe grob und fein kennenlernen.
Legen Sie die beiden Serien getrennt voneinander nebeneinander auf den Tisch. Nehmen Sie ein beliebiges Tastbrettchen einer Serie und betasten Sie es, indem Sie mit den Fingerspitzen von oben nach unten darüberfahren.
Suchen Sie aus der anderen Serie das passende Brettchen und legen Sie es neben das erste. Vergleichen Sie noch einmal beide Brettchen durch Abtasten, bevor Sie sie zur Seite schieben. Verfahren Sie mit den restlichen Brettchen ebenso.
Laden Sie dann das Kind ein, die Übung zu wiederholen.
Wichtig: Da sich die Sandpapiere einander auch farblich zuordnen lassen, sollten die Kinder möglichst bald mit einer Augenbinde arbeiten.
Weitere Möglichkeit: Das Kind ordnet die Brettchen einer Serie von fein nach grob und umgekehrt. Es lernt die Begriffe grob, fein, grob – gröber – am gröbsten usw. kennen.

Der Tastbeutel

Sie benötigen: Stoffbeutel, ca. 6 Materialien zum Fühlen (Stein, Korken, Tannenzapfen, Nuss etc.), Korb, Tablett

Betrachten, befühlen und benennen Sie die Materialien mit dem Kind. Dies ist wichtig, da es bei der anschließenden Übung darum geht, ein Material durch Ertasten und nicht durch Erraten wiederzuerkennen. Legen Sie sie dann in den Fühlbeutel.
Bitten Sie das Kind, einen Gegenstand im Beutel zu ertasten, zu beschreiben und schließlich zu benennen. Hat es ihn erkannt, bleibt er auf dem Tisch liegen. Hat es ihn falsch benannt, kommt er zurück in den Beutel. Die Übung ist beendet, wenn der Beutel leer ist.
Weitere Möglichkeit: Stellen Sie Fotokarten von den Materialien her. Das Kind legt sie aus und sucht die jeweils abgebildeten Materialien in der ausgelegten Reihenfolge der Karten aus dem Beutel.

Das Stoff-Kästchen

Sie benötigen: 8–10 quadratische Stoffstücke, ca. 10 x 10 cm (immer zwei aus dem gleichen Material: z. B. Samt, Cord, Jute, Seide, Leinen etc.); Tastbeutel; kleines Kästchen (ca. 12 x 12 cm); Tablett

Bringen Sie mit dem Kind das Tablett zum Tisch. Suchen Sie aus den Stoffen vier bis fünf Stoffpaare aus, die sich stark voneinander unterscheiden. Legen Sie sie in zwei Stapeln mit etwas Platz dazwischen vor sich.
Zeigen Sie dem Kind, wie es den Stoff zwischen Daumen, Zeige- und Mittelfinger erfühlen kann. Geben Sie ihm die Stoffe eines Stapels zum Tasten.
Laden Sie es dann dazu ein, mit geschlossenen Augen zu arbeiten.
Hat das Kind alle Stoffe einer Serie gefühlt, zeigen Sie ihm, wie es die jeweiligen Stoffpaare mit geschlossenen Augen/einer Augenbinde ertasten und paaren kann. Gefundene gleiche Stoffe werden in die Mitte gelegt.
Sind alle Stoffe zugeordnet, wird das Ergebnis kontrolliert, sowohl visuell als auch durch nochmaliges Ertasten.

Bauklötze ertasten

Sie benötigen: ca. 5 Bauklötze in Würfelform, ca. 5 rechteckige Bauklötze, ca. 5 dreieckige Bauklötze, Korb, Stoffbeutel mit Eingrifflöchern, je 1 Foto der unterschiedlichen Klötze, Tablett
Wichtig: Da es um die Formen der unterschiedlichen Klötzchen geht, sollten alle die gleiche Farbe haben!

Zeigen Sie dem Kind die Bauklötze und machen Sie es auf die unterschiedlichen Formen aufmerksam. Geben Sie alle Bauklötze in den Stoffbeutel. Legen Sie die Fotos der Bauklötze in beliebiger Reihenfolge nebeneinander auf den Tisch.
Bitten Sie das Kind, einen Bauklotz aus dem Beutel zu nehmen, der dem des ersten Fotos entspricht. Lassen Sie das Kind die restlichen passenden Bauklötze ertasten und zuordnen. Dann ist das nächste Foto an der Reihe.
Das Kind ordnet nach und nach alle Bauklötze den Fotos zu. Dann ist die Übung beendet.

Nüsse sortieren

Sie benötigen: großer Korb, 4 kleine Körbchen, 4 unterschiedliche Nusssorten, Augenbinde, Tablett

Lassen Sie das Kind zuerst jede Nuss fühlen und benennen Sie sie, falls das Kind sie nicht kennt. Geben Sie dann in jedes Körbchen eine Nuss. Bitten Sie das Kind, die Augenbinde anzuziehen oder die Augen zu schließen. Es soll nun die restlichen Nüsse aus dem großen Korb den Nüssen in den kleinen Körbchen zuordnen. Ist der große Korb leer, kann es seine Arbeit kontrollieren, indem es sieht, ob alle Nüsse richtig zugeordnet sind.

Isolation der Sinne

Das Montessori-Sinnesmaterial spricht systematisch und möglichst weitestgehend isoliert immer speziell einen einzelnen Sinn an und hebt immer nur eine Eigenschaft, ein bestimmtes Merkmal besonders hervor (z. B. Farbe, Form, Größe etc.).
Montessori bezeichnet dies als *Isolation der Sinne*. Diese ist bei Gegenständen aus dem Alltag kaum zu finden, da hier in der Regel viele verschiedene Eigenschaften miteinander vermischt sind.
Die Isolierung einer einzigen Eigenschaft im Material gibt dem Kind Klarheit, sie ordnet seinen Geist und erleichtert es ihm, ein Verständnis für das Wesentliche zu bekommen, nämlich für das, was es mit Hilfe des Materials begreifen soll.
Es wird nicht von anderen Reizen abgelenkt und kann so schneller und gezielter Neues erfassen, seine Sinneserfahrungen ordnen und mehr und mehr verfeinern.
So haben z. B. alle Kuben des Rosa Turms, einem beliebten Montessori-Material, dieselbe Farbe. Unterschiede bestehen nur in der Größe der einzelnen Würfel. Das Kind kann dadurch Groß und Klein erfahren.
Im Übungsbeispiel links (siehe S. 40) haben alle geometrischen Körper die gleiche Farbe. Sie unterscheiden sich somit nur in der Form, die das Kind kennen- und unterscheiden lernt.

Was riecht denn da?

Sie benötigen: stark duftende Materialien (z. B. Zimtstangen, Nelken, frische Tannennadeln, Moos etc.), 5–6 Gewürzgläschen mit Deckel, Tablett

Diese einfache Geruchsübung eignet sich schon für sehr junge Kinder. Achten Sie darauf, dass die Deckel nicht abgeschraubt werden können.
Nehmen Sie ein Gewürzgläschen, klappen Sie den Deckel auf und riechen Sie daran. Benennen Sie den Geruch, z. B. „Das riecht nach Nelken." Schauen Sie sich den Inhalt des Gläschens genauer an, bevor Sie das Glas zur Seite stellen. Verfahren Sie mit den restlichen Materialien ebenso.
Laden Sie nun das Kind ein, tätig zu werden.

Gerüche paaren

Sie benötigen: ca. 12 leere Gewürzgläschen mit Deckeln in zwei unterschiedlichen Farben, Klebepunkte in zwei Farben (Fehlerkontrolle), Watte, Duftöle (z. B. Zitrone, Vanille, Zimt etc.), Körbchen, Tablett
Vorbereitung: Füllen Sie ein wenig Watte in jedes Gläschen und träufeln Sie ein paar Tropfen Öl darauf. Stellen Sie zwei identische Serien zum Paaren her.

Mit dieser Übung lernen die Kinder, unterschiedliche Gerüche wahrzunehmen, zuzuordnen und voneinander zu unterscheiden.
Zeigen sie dem Kind, wie es die Gläschen öffnet und daran schnuppert. Trennen Sie dann die beiden Serien voneinander und stellen Sie die Gläschen vor sich.
Nehmen Sie ein Gläschen, riechen Sie daran und suchen Sie in der anderen Serie nach dem gleichen Duft. Haben Sie ihn gefunden, kommen die Gläschen zur Seite. Mit den restlichen wird ebenso verfahren.
Sind alle Gläschen einander zugeordnet, kann das Kind die Übung anhand der Klebepunkte auf der Unterseite der Gläschen kontrollieren.

Das Kräuterbeet

Sie benötigen: stark duftende Kräuter (Pfefferminze, Salbei, Zitronenmelisse, Rosmarin, Lavendel etc.), Hochbeet

Legen Sie mit den Kindern ein Kräuter-Hochbeet an. Verwenden Sie möglichst unterschiedliche Pflanzen. So können die Kinder den ganz spezifischen, den intensivsten oder den dezentesten Duft unterschiedlicher Kräuter kennenlernen. Verwenden Sie Pflanzen, die die Kinder weiterverarbeiten können. Aus Pfefferminze lässt sich z. B. ein Tee zubereiten. Mit Rosmarin können die Kinder kleine Duftkissen füllen.

Die Gewichtstäfelchen

Sie benötigen: je 2 Täfelchen aus unterschiedlichen Materialien (z. B. Kork, Glas, dicker Filz, Metall, Plastik, Holz), 2 Kästchen, Augenbinde, Tablett

Mit diesem Material kann das Kind seinen Gewichtssinn schulen. Da die Materialien sich optisch voneinander unterscheiden, ist es wichtig, dass sehr schnell mit einer Augenbinde gearbeitet wird.
Zeigen Sie dem Kind, wie es die Gewichtstäfelchen auf den Fingerspitzen liegend hält und ihr Gewicht spürt, indem es den Arm und die Hand leicht auf und ab bewegt. Arbeiten Sie auch mit der anderen Hand.
Legen Sie dem Kind ein Brettchen auf die eine Hand, ein anderes auf die andere und lassen Sie es die beiden Gewichte vergleichen. Wie fühlen sie sich an? Sind sie gleich? Ist eins leichter, eins schwerer? Welches ist leichter, welches schwerer? Lassen Sie das Kind alle Brettchen „wiegen“. Bitten Sie es dann, Brettchen, die gleich sind, einander zuzuordnen.

> **! *Gut zu wissen!***
> *Merken Sie bei einer Übung, dass das Kind nicht zurechtkommt, korrigieren Sie es nicht. Bieten Sie ihm stattdessen das Material zu einem späteren Zeitpunkt noch einmal an.*

Leicht, mittel, schwer

Sie benötigen: 3 Plastikröhrchen mit Deckel (z. B. von Brausetabletten), permanent Edding, Klebefolie, Sand, Heißklebepistole mit Kleber, Körbchen
Vorbereitung: Füllen Sie die Döschen mit unterschiedlichen Mengen Sand, sodass eine Einstufung von leicht bis schwer möglich ist. Verschließen Sie die Deckel mit Heißkleber und bekleben Sie sie mit der Klebefolie. Markieren Sie die Röhrchen am Boden mit Zahlen: 1 = leicht, 2 = mittel, 3 = schwer (Fehlerkontrolle).

Auch bei dieser Übung geht es darum, unterschiedliche Gewichte wahrzunehmen. Sie eignet sich bereits für junge Kinder, da die Röhrchen anders als die Gewichtstäfelchen mit der ganzen Hand gehalten werden.
Stellen Sie die Röhrchen vor sich. Nehmen Sie ein beliebiges Röhrchen und wiegen Sie es in der Hand. Nehmen Sie ein weiteres Röhrchen in die andere Hand und vergleichen Sie es mit dem ersten. Stellen Sie das leichtere Röhrchen ab und nehmen Sie das letzte Röhrchen in die nun freie Hand. Ordnen Sie die beiden Röhrchen dem leichten Röhrchen auf dem Tisch zu.
Lassen Sie das Kind die drei Röhrchen miteinander vergleichen und benennen Sie die Röhrchen: „Das ist leicht.“ „Das ist mittelschwer.“ „Das ist schwer.“
Zeigen Sie dem Kind die Zahlen auf der Unterseite der Röhrchen, die als Fehlerkontrolle fungieren. Das Kind führt nun die Übung selbstständig durch.

Geschmacksgläschen

Sie benötigen: 5–6 kleine Fläschchen mit Pipetten (Apotheke), Flüssigkeiten (z. B. Zitronen- oder Grapefruitsaft, Zucker-, Salz-, Essigwasser), 2 Gläser, Krug mit Wasser, Tablett

Mit dieser Übung schulen die Kinder ihren Geschmackssinn und lernen die Begriffe süß, sauer, salzig und bitter kennen und unterscheiden.
Stellen Sie die Fläschchen vor sich. Nehmen Sie die Pipette aus dem ersten Fläschchen und zeigen Sie dem Kind, wie sie benutzt wird.
Tröpfeln Sie sich einen Tropfen der Flüssigkeit auf die Zunge und schmecken Sie sie. Benennen Sie den Geschmack. Trinken Sie dann einen kleinen Schluck Wasser und testen Sie die nächste Flüssigkeit. Verfahren Sie mit allen Fläschchen so.
Dann ist das Kind an der Reihe. Hat es alle Fläschchen probiert und die unterschiedlichen Geschmäcker benannt, ist die Übung beendet.
Weitere Möglichkeit: Stellen Sie einen zweiten, identischen Satz her. Das Kind paart die Gläschen mit den jeweils gleichen Geschmäckern.

Der Geschmackstest

Sie benötigen: unterschiedliche Lebensmittel (Apfel, Rosinen, Sonnenblumenkerne etc.), kleine Schälchen, kleine Löffel, Augenbinde, Tablett

Füllen Sie jedes Schälchen mit einem Lebensmittel und ordnen Sie sie auf dem Tablett an.
Zeigen Sie dem Kind die Nahrungsmittel, benennen Sie sie und lassen Sie es sie probieren. Bitten Sie dann das Kind, die Augen zu schließen oder die Augenbinde überzuziehen. Geben Sie ihm ein beliebiges Lebensmittel zum Schmecken. Kann es erkennen und benennen, was es da gerade probiert hat? Verfahren Sie weiter so, bis das Kind alles einmal geschmeckt hat.

Kriterien der Montessori-Materialien

Materialien, mit denen die Kinder in Montessori-Einrichtungen, insbesondere bei den Übungen des täglichen Lebens, arbeiten, unterliegen bestimmten Kriterien:

- Es sind Gegenstände aus dem Alltag.
- Sie sind in ihrer Größe, Form und Handlichkeit auf die Kinder abgestimmt.
- Von den Materialien darf keine Gefahr ausgehen (verschlucken, in Körperöffnungen stecken usw.).
- Die Materialien haben einen hohen Aufforderungscharakter, denn sie sind ästhetisch schön in den Farben, Materialien und Formen.
- Alle Dinge, die zu einer Übung benötigt werden, befinden sich geordnet auf einem Tablett oder in einem Korb.
- Alles ist voll funktionsfähig und keine Attrappe. Das Bügeleisen, mit dem die Kinder die Wäsche bügeln, ist wirklich bügelfähig und keine Nachbildung aus Holz. Das Obst wird mit echten Messern geschnitten und nicht mit solchen aus Plastik. Dies ermöglicht es dem Kind, den Erwachsenen nachzuahmen und im Alltag zu helfen.
- Kaputte oder fehlende Gegenstände werden umgehend ersetzt.

Die Kinder sollten nicht unbeaufsichtigt mit Messern, dem Bügeleisen oder dem Bohnentablett hantieren. Zeigen Sie ihnen immer wieder, wie mit den Dingen sorgfältig und sachgerecht gearbeitet wird.

Einen Turm bauen

Sie benötigen: 10 würfelförmige Bauklötze in unterschiedlichen Größen, die sich aufeinander stapeln lassen (alternativ der original „Rosa Turm“ des Montessori-Materials); Teppich

Mit dieser Übung lernt das Kind, Dimensionen sowohl visuell als auch taktil voneinander zu unterscheiden.
Legen Sie die Bauklötze ungeordnet auf den Teppich. Suchen Sie den größten und legen Sie ihn vor sich. Beginnen Sie nun langsam und mit deutlichen Bewegungen, die Bauklötze miteinander zu vergleichen und nach und nach den Turm aufzubauen. Gleiten Sie am Ende mit beiden Händen von unten nach oben den Turm entlang. So wird das Kind noch einmal auf die sich verändernden Dimensionen aufmerksam.
Bauen Sie den Turm wieder Bauklotz für Bauklotz ab.
Dann kann das Kind tätig werden.
Weitere Möglichkeiten: Das Kind findet andere Ordnungsmöglichkeiten, indem es die Bauklötze z. B. horizontal ordnet..
Es lernt die Begriffe groß – klein, groß – größer – am größten, klein – kleiner – am kleinsten.

Dreieck, Viereck, Kreis

Sie benötigen: dicke Pappe oder Sperrholz, 4 kleine Perlen, großes Tablett
Vorbereitung: Schneiden oder sägen Sie aus der Pappe/dem Sperrholz vier Quadrate (ca. 12 x 12 cm). Schneiden Sie aus jedem Quadrat aus der Mitte eine Form aus (Dreieck, Viereck, Kreis). Befestigen Sie in der Mitte jeder Form eine kleine Perle, die das Kind später als Griff benutzen kann. Setzen Sie jede Form in das passende Quadrat und legen Sie sie auf ein großes Tablett.

Zeigen Sie dem Kind den Kreis und nehmen Sie ihn aus dem Quadrat heraus. Umfahren Sie den Kreis mit dem Zeigefinger zuerst an der Figur, dann entlang des Rahmens. Benennen Sie die Form und setzen Sie sie ein. Verfahren Sie mit den restlichen Formen ebenso.
Nehmen Sie am Ende alle Formen aus den Rahmen und lassen Sie das Kind sie zuordnen.
Weitere Möglichkeiten: Stellen Sie weitere Formen her (z. B. Rechteck, Trapez, Oval, Ei).

Farben zuordnen

Sie benötigen: je eine Wäscheklammer in 6–8 unterschiedlichen Farben (je nach Alter des Kindes), Korb, rechteckige Pappstücke in den Farben der Wäscheklammern, Kistchen, Tablett

Nehmen Sie ein beliebiges Papprechteck aus dem Kistchen und legen Sie es auf den Tisch. Suchen Sie dann im Korb die passende Wäscheklammer in der gleichen Farbe. Zeigen Sie dem Kind, wie sie an der Pappe befestigt wird. Benennen Sie die Farbe. Ordnen Sie nach und nach alle Klammern farblich den entsprechenden Papprechtecken zu.
Entfernen Sie am Ende wieder alle Klammern und legen Sie sie zurück in den Korb. Mischen Sie die Papprechtecke und lassen Sie das Kind tätig werden.
Indem das Kind die Klammern den farblich passenden Pappen zuordnet, schult es seine Farbwahrnehmung und lernt die Namen der bisher unbekannten Farben kennen.

4. BEWEGUNG UND STILLE

„Eine wirkliche Koordination der Bewegung ist die Vervollkommnung des ganzen Menschen."

Maria Montessori: Die Entdeckung des Kindes

Wer sich mit Kindern beschäftigt weiß, dass sie ständig aktiv und in Bewegung sind. Maria Montessori erkannte, wie wichtig dies für die gesunde körperliche, geistige und auch psychosoziale Entwicklung eines Kindes ist.

Dem Alter bis 6 Jahre kommt ihrer Meinung nach besondere Bedeutung zu, denn es ist der Zeitabschnitt, in dem das Kind grundlegende Bewegungsmuster wie z. B. stehen, gehen oder greifen aufbaut, diese erweitert, festigt und verfeinert. Es ist auch der Zeitraum, in dem es sein Gleichgewicht ausbildet und die Hand als Greiforgan entdeckt.

Da das Bewegungsbedürfnis des Kindes nun besonders groß ist, bezieht Montessori diesen Aspekt in ihre Materialien und Angebote, vor allem aber in das Gehen auf der Linie und die Übungen der Stille, mit ein. Sie bieten dem Kind vielfältige Möglichkeiten, die Entwicklung seiner Hände, sein Gleichgewicht und das Gehen zu schulen. Es kann seine Bewegungen koordinieren, sowohl in der Bewegungslosigkeit und Stille als auch im Gehen auf der Linie und gleichzeitigem Tragen von Gegenständen.

Einen Teppich aus- und aufrollen

Sie benötigen: rechteckiger Arbeitsteppich
Wichtig: Achten Sie bei der Auswahl der Arbeitsteppiche darauf, dass sie sich gut zusammenrollen lassen!

Welche Bedeutung Arbeitsteppiche in Montessori-Einrichtungen haben, wurde bereits oben auf S. 13 beschrieben. Hier geht es nun darum, mit den Kindern zu üben, wie diese mit sinnvollen Bewegungen aus- und wieder aufgerollt werden.
Nehmen Sie einen Teppich und legen Sie ihn mit dem Teppichende vor Ihren Knien auf den Boden. Rollen Sie den Teppich langsam mit beiden Händen aus. Prüfen Sie, ob er eventuell glattgestrichen werden muss.
Zeigen Sie dem Kind dann, wie es den Teppich wieder zusammenrollt. Auch hier beginnen Sie an der schmalen Seite des Teppichs. Biegen Sie die Kante mit beiden Händen so eng wie möglich um. Rollen Sie den Teppich langsam auf.
Bleiben Sie dabei auf Ihrem Platz und krabbeln Sie nicht dem Teppich hinterher. Ziehen Sie ihn immer wieder zu sich heran, bevor Sie ihn weiter aufrollen. Begleiten Sie diese Arbeit mit den Worten: „Rollen – ziehen, rollen – ziehen ..."
Achten Sie darauf, dass er am Ende an den Kanten gleichmäßig abschließt.
Tragen Sie mit dem Kind den aufgerollten Teppich wieder zurück an seinen Platz im Teppichständer.

Einen Stuhl tragen

Sie benötigen: Kinderstuhl

Einen Stuhl von A nach B zu bringen, müssen Kinder meist erst lernen. Sie schieben ihn eher über den Boden, anstatt ihn anzuheben und zu tragen. Zeigen Sie ihnen daher, wie sie möglichst geräuschlos einen Stuhl tragen können, ohne zudem anzustoßen, den Stuhl laut abzusetzen oder gar umzuwerfen.
Probieren Sie zunächst unterschiedliche Möglichkeiten aus. Entscheiden Sie sich für eine Vorgehensweise und bleiben Sie dann dabei. Zeigen Sie den Kindern also immer wieder die gleiche Variante, damit sie sie sich einprägen und verinnerlichen können.
Hierzu bieten sich kleine „Übungsrunden" an, in denen die Kinder z. B. ihren Stuhl leise zum Kreis bringen und ihn am Ende auch wieder zurückstellen und möglichst geräuschlos unter den Tisch schieben.

Anklopfen

Sie benötigen: eine Tür, die die Kinder öffnen und schließen können

Damit Kinder lernen, wie sie anklopfen, müssen wir es ihnen immer wieder vormachen. Sprechen Sie mit den Kindern zunächst darüber, welche Bedeutung das Anklopfen hat und wie es geht.
Um das Anklopfen zu üben, können Sie hin und wieder eine kleine Übung daraus machen, z. B. im Stuhlkreis. Bitten Sie dazu ein Kind, den Raum zu verlassen und die Tür hinter sich zu schließen. Um wieder ins Zimmer zu kommen, soll es anklopfen. Tut es dies zu leise, erhält es keine Antwort. Erst bei angemessen lautem Klopfen rufen die Kinder im Stuhlkreis: „Herein!" Das Kind öffnet leise die Tür, tritt ein und schließt die Tür. Es sucht nun ein Kind aus, das die Übung durchführt. Haben alle Kinder einmal angeklopft, ist das kleine Spiel beendet.

Eine Tür leise öffnen und schließen

Sie benötigen: eine Tür, die die Kinder selbstständig öffnen und schließen können

Die Kinder sitzen auf Stühlen im Kreis. Sind alle zur Ruhe gekommen, bitten Sie sie, nach Möglichkeit die Augen zu schließen. Stehen Sie auf und tippen sie ein Kind an. Es steht auf, geht zur Tür, öffnet und schließt sie wieder, bevor es sich zurück auf seinen Platz setzt. Natürlich sollte all dies so leise wie möglich geschehen.
Alle Kinder dürfen wieder die Augen öffnen. Wer weiß, welches Kind die Übung durchgeführt hat?

Ein Glöckchen weiterreichen

Sie benötigen: ein kleines Glöckchen

Die Kinder sitzen im Kreis auf Stühlen, die nicht zu weit auseinanderstehen dürfen. Zeigen Sie der Gruppe das Glöckchen. Lassen Sie es einmal im Kreis rundgeben. Die Kinder dürfen damit läuten. Dann soll es jedoch in einer weiteren Runde von Kind zu Kind wandern, ohne dass es anschlägt.
Ist es wieder bei Ihnen angekommen, wird die Übung beendet.

Gehen auf der Linie

Sie benötigen: auf den Boden gemalte oder geklebte Linie in Form einer Ellipse, Stühle in der Anzahl der teilnehmenden Kinder

Die Kinder sitzen auf Stühlen rund um die Ellipse. Sie sind möglichst barfuß oder tragen leichte Schuhe.
Gehen Sie über die Linie und lenken Sie die Aufmerksamkeit der Kinder auf Ihre Füße. Setzen Sie den ganzen Fuß auf der Linie auf. Gehen Sie langsam und konzentriert. Sprechen Sie nach Möglichkeit nicht. Bleiben Sie vor einem Kind stehen und fordern Sie es durch Zunicken auf, ihnen zu folgen. Laden Sie so ein Kind nach dem anderen dazu ein, mit Ihnen auf der Linie zu gehen. Setzten Sie sich nach ein bis zwei Runden auf einen Stuhl und beobachten Sie die Kinder.
Beenden Sie die Übung, wenn die Konzentration und das Interesse der Kinder merklich nachlassen, indem Sie Kinder, die an Ihrem Stuhl vorbeikommen, bitten, sich wieder hinzusetzen, wenn sie an ihrem Platz sind.
Führen Sie das „Gehen auf der Linie“ regelmäßig durch, damit die Kinder sich darin üben können.

> ***Gut zu wissen!***
> *Laden Sie 6–10 Kinder zu den Übungen zum Gehen auf der Linie ein. Die Kinder können sich dafür oder dagegen entscheiden. Wer daran teilnimmt, bleibt jedoch auch bis zum Ende dabei!*

Gehen auf der Linie

Mit dem *Gehen auf der Linie* hat Maria Montessori eine Bewegungsübung für Kinder entwickelt, die in ihrer Einfachheit genial ist.
Im Mittelpunkt steht das Balancieren auf einer auf den Boden gemalten oder geklebten Ellipse. Die Kinder gehen in unterschiedlichen Schwierigkeitsgraden darüber, schulen ihr Gleichgewicht, ihre Bewegungskoordination, die Hände als Greiforgan und ihren Gang in vielen abwechslungsreichen Variationen.
Ihre Selbstwahrnehmung, das Konzentrationsvermögen und die Körperwahrnehmung werden spielerisch geübt und soziale Fähigkeiten wie Rücksichtnahme auf andere, Verantwortungsbewusstsein oder Toleranz gegenüber anderen gefördert.
Die beim *Gehen auf der Linie* erworbenen Fähigkeiten führen das Kind mehr und mehr zur Selbstständigkeit und Unabhängigkeit vom Erwachsenen.

Mit einem Glöckchen gehen

Sie benötigen: aufgemalte oder aufgeklebte Ellipse; Gegenstand, den die Kinder in einer Hand tragen können, z. B. Glöckchen; kleiner Tisch o. Ä.; Stühle

Können die Kinder sicher auf der Linie balancieren, kann die Übung erschwert werden, indem alle einen Gegenstand, z. B. ein Glöckchen in einer Hand halten, während sie auf der Linie gehen.
Die Glöckchen befinden sich auf einem kleinen Tisch, der neben der Ellipse steht. So können die Kinder sich im Vorbeigehen eins nehmen und es auch wieder dort abstellen.
Zeigen Sie der Gruppe, wie das Glöckchen während des Gehens gehalten wird, damit es keinen Ton von sich gibt. Der Klang des Glöckchens verrät sofort jede Unaufmerksamkeit. Beenden Sie die Übung, wenn das Interesse und die Konzentration der Kinder nachlässt.

Sandsäckchen auf dem Kopf balancieren

Sie benötigen: aufgemalte oder aufgeklebte Ellipse, 1 Sandsäckchen pro Kind, Korb, kleiner Tisch, Stühle

Nehmen Sie ein Sandsäckchen aus dem Korb und legen Sie es sich auf den Kopf. Balancieren Sie nun langsam damit auf der Linie. Bleiben Sie vor einem sitzenden Kind stehen. Laden Sie es ein, auf der Linie bis zum Tisch zu gehen, sich ein Sandsäckchen zu nehmen, es sich auf den Kopf zu legen und ebenfalls damit auf der Linie zu balancieren. Fordern Sie nach und nach alle Kinder auf, es Ihnen gleichzutun.
Lassen Sie die Kinder die Übung so lange durchführen, wie sie möchten. Am Ende legt jedes Kind sein Sandsäckchen wieder in den Korb, wenn es am Tisch vorbei zurück zu seinem Platz geht.
Sitzen alle Kinder wieder auf ihren Stühlen, ist die Übung beendet.

Eine Wasserschale tragen

Sie benötigen: aufgemalte oder aufgeklebte Ellipse, eine mit Wasser gefüllte Schale, Bodenwischer, Stühle

In dieser Übung geht es darum, einen Gegenstand, hier die mit Wasser gefüllte Schale, mit beiden Händen festzuhalten und gleichzeitig über die Linie zu balancieren. Halten Sie die mit Wasser gefüllte Schale mit beiden Händen fest. Gehen Sie damit langsam über die Linie. Bleiben Sie vor einem Kind stehen und überreichen Sie ihm die Schale. Das Kind trägt sie so lange es möchte. Dann gibt es sie an ein sitzendes Kind ab.
Beenden Sie die Übung, wenn die Konzentration und das Interesse der Kinder nachlässt.

> **! *Gut zu wissen!***
> *Gehen auf der Linie kann auch im Freien durchgeführt werden. Vor allem im Sommer bietet sich eine mit Kreide auf den Boden gemalte Ellipse für Übungen an, bei denen die Kinder unterschiedliche Gefäße mit Wasser beim Gehen tragen.*

Hindernisse übersteigen

Sie benötigen: aufgemalte oder aufgeklebte Ellipse, große Bauklötze, Kisten o. Ä., Stühle
Wichtig: Achten Sie bei der Auswahl des Materials darauf, dass die Kinder die Gegenstände mit einem Schritt übersteigen können.

Die Kinder sitzen auf Stühlen rund um die Ellipse.
Lassen Sie sie zunächst ein bis zwei Runden auf der Linie balancieren. Erst dann werden die Bauklötze in gleichmäßigen Abständen auf der Ellipse verteilt.
Gehen Sie auf der Linie und übersteigen Sie die Gegenstände. Achten Sie darauf, einen Rhythmus zu finden, in dem die Bauklötze „fließend" überschritten werden. Setzen Sie sich dann wieder auf Ihren Stuhl.
Nennen Sie leise den Namen eines Kindes, das nun über die Linie gehen kann. Nach und nach werden so alle Kinder in die Übung einbezogen.
Wer nicht mehr teilnehmen möchte, bleibt auf seinem Stuhl sitzen. Sind alle Kinder wieder auf ihren Plätzen, ist die Übung beendet.

Partnerübungen auf der Linie

Sie benötigen: aufgemalte oder aufgeklebte Ellipse, Stühle

Gehen Sie über die Linie. Bleiben Sie vor einem Kind stehen und laden Sie es ein, sich hinter Sie zu stellen. Drehen Sie sich um und geben Sie dem Kind, das Sie nun anschaut, die Hände. Gehen Sie rückwärts über die Line, während das Kind vorwärts geht. Fordern Sie weitere Kinder auf, es Ihnen gleichzutun.
Weitere Möglichkeiten: Ein Kind schließt die Augen und wird von einem anderen Kind über die Linie geführt.
Die Kinder fassen sich an den Schultern und gehen als „Zug" über die Linie.

Der Pirat

Sie benötigen: aufgemalte oder aufgeklebte Linie, Augenklappen, Stühle

Die Kinder balancieren auf der Linie. Die Übung wird erschwert, indem der Blick auf die Linie nur mit einem Auge möglich ist. Dadurch entsteht eine andere Raum- und Körperwahrnehmung, denn die Augenklappe schränkt das Gesichtsfeld ein. Eine ganz schön wacklige Angelegenheit für den ein oder anderen!
Verteilen Sie die Augenklappen an die teilnehmenden Kinder. Jeder kann die Übung so lange durchführen, wie er möchte.

Die Doppelte Ellipse

Sie benötigen: zwei auf den Boden aufgemalte oder aufgeklebte ineinanderliegende Ellipsen, Stühle

Sind die Kinder darin geübt, sicher auf der Linie zu balancieren, können Sie in oder um die bereits vorhandene Linie eine zweite malen/kleben.
Ein Kind geht auf der inneren, eines auf der äußeren Linie. Sie geben sich die Hand und müssen nun einen gemeinsamen Rhythmus finden, um auf der Linie nebeneinander gehen zu können.
Weitere Möglichkeit: Zwei Kinder gehen nebeneinander und tragen einen Gegenstand zwischen sich.

> **! *Gut zu wissen!***
> *Maria Montessori ließ die Kinder beim Gehen auf der Linie von einer Lehrerin mit dem Klavier oder einer Violine begleiten. Dies sollte sie zur Bewegung animieren. Auch Sie können Musik einsetzen, natürlich auch von CD o. Ä. Instrumentalmusik mit konstantem Takt ist besonders gut geeignet.*

Das „Stille-Zeichen"

Sie benötigen: z. B. kleines Glöckchen

Wird es zu laut im Raum, fällt es den Kindern schwer, konzentriert und in Ruhe zu arbeiten. Damit allen diese Unruhe und gesteigerte Lautstärke bewusst wird, können Sie mit der Gruppe ein kleines Ritual erarbeiten.
Suchen Sie gemeinsam ein Signal, das alle darauf aufmerksam macht, noch einmal auf die eigene Lautstärke und die Bewegungen zu achten. Dies kann z. B. der Klingelton eines kleinen Glöckchens sein. Sobald er zu hören ist, stoppen alle kurz ihre Beschäftigung und halten einen Moment inne, bevor sie wieder ruhig und konzentriert ihre Arbeit fortsetzen.
Sowohl Sie als auch die Kinder können dieses „Stille-Zeichen" einsetzen. Achten Sie darauf, dass z. B. das Glöckchen von allen gut erreicht werden kann.

Die Stille-Ecke

Sie benötigen: kleiner, abgeschirmter Bereich; kleiner Tisch; kleines Regal; Materialien, die das Zur-Ruhe-Kommen unterstützen (Schneekugeln, Kaleidoskope, Fliegenaugen, Lupe zum Betrachten von Naturmaterialien, Kreisel-Tablett, Mandalas, Labyrinthe etc.)

Richten Sie im Raum eine kleine Entspannungsnische und Stille-Ecke ein, in der ein Kind in Einzelbeschäftigung tätig sein kann. Hier sollten unterschiedliche Materialien, die das Zur-Ruhe-Kommen und In-die-Stille-Finden ermöglichen, bereitstehen. So kann das Kind z. B. dem „Schnee" in der Schneekugel zuschauen, wie er nach dem Schütteln der Kugel langsam nach unten fällt. Oder es gestaltet mit schönen Legematerialien eine Mandala-Vorlage.
Tauschen Sie die Gegenstände von Zeit zu Zeit aus.

Aktive Stille

In Ihrem Buch *Die Entdeckung des Kindes* (Montessori 2015[3], S. 167 f.) beschreibt Maria Montessori, wie sie darauf aufmerksam wurde, dass Kinder die Stille lieben.
Sie sieht darin ein Grundbedürfnis des Kindes und erkennt, welche große Bedeutung entsprechende Angebote für die kindliche Entwicklung haben. Daher integriert sie Stille konsequent in ihr pädagogisches Konzept.
Sie spiegelt sich in den Räumen wider, die keine grellen Farben, kein Überangebot an Materialien, keine Unordnung, keinen Lärm durch die Kinder oder den Erwachsenen aufweisen.
Stille in unterschiedlichen Abstufungen spielt des Weiteren beim Gehen auf der Linie, bei der Beschäftigung mit dem Sinnes-, Mathematik- und Sprachmaterial, bei den Übungen des täglichen Lebens, bei der musikalischen und kosmischen Erziehung und natürlich bei den Stille-Übungen eine wichtige Rolle.
Montessori betont jedoch ausdrücklich, dass nur die aktive Stille für Kinder interessant ist. Sie ist das Gegenteil zur passiven Stille, die erzwungen ist und mit Befehlen wie „Jetzt sei doch mal still!" oder „Jetzt ist mal endlich Ruhe!" einhergeht. Aktive Stille dagegen ist vom Kind gewollt und wird in Eigenaktivität herbeigeführt.

Die Übung der Stille

Sie benötigen: kein Material

Diese Übung eignet sich, um Kinder an die Stille heranzuführen.
Alle sitzen dazu in bequemer Haltung im Kreis auf Stühlen. Legen Sie die Hände locker auf Ihre Oberschenkel und stellen Sie die Beine zusammen. Laden Sie die Kinder dazu ein, es Ihnen gleichzutun. Machen Sie die Gruppe mit leiser Stimme darauf aufmerksam, die eigenen Bewegungen einzustellen, indem Sie sie auf all das aufmerksam machen, was sich bewegen und dadurch Geräusche verursachen könnte (der Atem, die Füße, der Po, die Hände etc.).
Bleiben Sie ein wenig in dieser Haltung regungslos sitzen. Beobachten Sie die Kinder und beenden Sie die Übung, wenn sie unruhig werden.
Wiederholen Sie das Angebot möglichst täglich. Schon sehr schnell werden die Kinder Freude daran haben und die Zeit des regungslosen Sitzens und der damit einhergehenden Stille genießen.
Weitere Möglichkeiten: Erweitern Sie nach und nach die Zeitspanne, in der die Stille erlebt werden kann.
Stille kann auch im Stehen, im Sitzen auf dem Boden oder im Liegen geübt werden. Verdunkeln Sie den Raum oder laden Sie die Kinder dazu ein, während der Übung die Augen zu schließen.

! *Gut zu wissen!*
Maria Montessori betont immer wieder, dass ihre Übungen der Stille nicht dazu dienen, den Lärm, der in einem Raum über das normale Maß hinausgeht, zu stoppen. Es geht ihr vielmehr um die tiefe, innere, fast meditative Stille, die sie dem Kind mit entsprechenden Übungen näherbringen will.

Namen flüstern

Sie benötigen: kein Material

Verdunkeln Sie den Raum etwas. Die Kinder sitzen auf Stühlen im Kreis. Vielleicht schaffen es die älteren Kinder, die Augen zu schließen.
Sind alle zur Ruhe gekommen, gehen Sie leise in den Nebenraum. Von hier aus rufen Sie nun die Kinder einzeln mit ihrem Namen.
Jedes Kind, das seinen Namen hört, steht leise auf und kommt, ohne ein Geräusch zu verursachen, zu Ihnen.
Sind alle Kinder um Sie herum versammelt, ist die Übung beendet.
Weitere Möglichkeit: Flüstern Sie kleine Aufträge, die die Kinder erfüllen sollen, ohne ein Geräusch zu verursachen, z. B. eine Runde im Kreis gehen, zur Tür und wieder zurück gehen, einen Stuhl ins Nebenzimmer tragen, mit einem anderen Kind den Platz tauschen.

Die Sanduhr

Sie benötigen: große Sanduhr (1 Minute), Hocker oder kleiner Tisch

Zeigen Sie der Gruppe die Sanduhr und lassen Sie sie beschreiben. Laden Sie die Kinder ein, möglichst bewegungslos zu sitzen, während der Sand läuft. Alle sollen auf die Geräusche achten, die in der eintretenden Stille rundherum zu hören sind.
Ist der Sand durchgerieselt, können die Kinder in einer kurzen Gesprächsrunde erzählen, was sie gehört haben.
Führen sie diese Übung möglichst regelmäßig durch. Es fällt den Kindern dann immer leichter, in die Stille zu finden, sie zu genießen und regungslos die Geräusche der Umwelt wahrzunehmen. Die Kinder lieben diese Übung!

! ***Gut zu wissen!***
Maria Montessori hat die Stille-Übungen dem Bereich der Bewegungserziehung zugeordnet, da der zentrale Schlüssel eben die Kontrolle der Bewegungen ist. Sie ist unerlässlich, um die Stille wahrzunehmen, die bereits von der geringsten Bewegung, z. B. dem Versetzen eines Fußes, zerstört wird.

Leise rieselt der Sand

Sie benötigen: große Flasche mit Sand, Schüssel

Die Kinder sitzen im Kreis. Sind alle zur Ruhe gekommen, beginnt die kleine Stille-Übung.

Lassen Sie langsam den Sand aus der Flasche in die Schüssel rieseln. Machen Sie die Kinder auf das Geräusch aufmerksam, das dabei entsteht. Dieses ist jedoch nur zu hören, wenn alle mucksmäuschenstill sind und sich nicht bewegen.

Weitere Möglichkeit: Verwenden Sie unterschiedliche Schüsseln (Plastik, Glas, Metall, Holz). Dadurch entstehen auch unterschiedliche Geräusche, die der Sand macht, wenn er auf die verschiedenen Materialien trifft.

5. ICH UND DIE ANDEREN

„Der Mensch ist von Natur ein soziales Wesen."

Maria Montessori: Spannungsfeld Kind-Gesellschaft-Welt

Individualität spielt in der Montessori-Pädagogik eine wichtige Rolle, denn für Maria Montessori ist sie die Basis für ein gutes Zusammenleben in einer Gemeinschaft. Nur wer sich selbst kennt, sich selbst einschätzen kann, sich zurücknehmen und abwarten gelernt hat, Selbstwertgefühl besitzt usw., ist in der Lage, sich anderen gegenüber sozial zu verhalten und zum Wohl einer Gruppe zu handeln.

Damit Kinder Gemeinsinn lernen, benötigen sie nach Montessori eine große altersgemischte Gruppe, in der sie viele unterschiedliche soziale Erfahrungen wie Empathie, Vertrauen, Fairness, Toleranz, Kooperation usw. im Wechsel von Geben und Nehmen erfahren können.

Montessori bietet dem Kind im Alter von 3–6 Jahren sogar spezielle Übungen zum Erlernen sozialer Umgangsformen an (Anklopfen, um etwas bitten, jemanden einladen etc.). Jedes Material ist zudem nur einmal vorhanden, sodass die Kinder Geduld und Rücksichtnahme lernen, sich arrangieren und Absprachen treffen müssen.

Von besonderer Bedeutung ist des Weiteren eine Umgebung, in der alle respektvoll, wertschätzend, rücksichtsvoll, höflich, tolerant, einfühlsam usw. miteinander umgehen und in der Kinder lernen, Probleme und Konflikte im Rahmen ihrer Möglichkeiten selbst zu lösen. So gelingt ihnen der Schritt vom Ich über das Du zum Wir immer besser.

Die Lebenskette

Sie benötigen: große und kleine Perlen, reißfeste Schnur, kleine Fotos, mit denen besondere Ereignisse markiert werden

Gestalten Sie mit jedem Kind seine ganz persönliche Lebenskette. Dazu werden große (für die Lebensjahre) und kleinere Perlen (für die Monate) auf eine feste Schnur aufgezogen.
Kleine Fotos zeigen verschiedene Ereignisse wie z. B. Geburtstage, die ersten eigenen Schritte oder die Geburt eines Geschwisterkindes. Sie werden ebenfalls an entsprechender Stelle auf die Kette aufgefädelt.
Gestalten Sie die Geburt des Kindes, also den Anfang der Kette, mit einem besonderen Symbol (z. B. kleine Holzsonne, gelbe Kugel, kleines Herz).
Jeden Monat kommt eine neue Perle hinzu. Es entstehen ganz individuelle Ketten, die den Kindern ihren Lebensweg veranschaulichen und „greifbar" machen.
Hängen Sie die Lebensketten an einem Platz auf, an dem die Kinder sie sehen und gut erreichen können!

Die Montessori-Geburtstagsfeier

Sie benötigen: Kerze, Streichholz mit Ablage, kleiner Globus, Fotos des Kindes in unterschiedlichem Alter, Seil

Im Montessori-Kinderhaus wird der Geburtstag der Kinder auf besondere Art und Weise gefeiert. Im Vordergrund steht dabei das ganzheitliche Verständnis des Lebens und seiner Entwicklung. In einer festgelegten Reihenfolge erfahren die Kinder den Zusammenhang zwischen ihrem Geburtstag und dem Lauf der Sonne, den Sie in alters- und entwicklungsgemäßer Sprache erklären können.
Dann wird das Seil als Ellipse auf den Boden gelegt. Die Kerze kommt in die Mitte. Sie symbolisiert die Sonne und wird vom Geburtstagskind angezündet. Es nimmt den Globus in beide Hände und geht nun damit langsam auf der Ellipse, die die Umlaufbahn der Erde um die Sonne darstellt. Jede Runde steht symbolisch für ein Lebensjahr. Erzählen Sie wichtige Ereignisse im Leben des Kindes, wenn es die Sonne jeweils umrundet hat und ein Jahr älter wurde (z. B.: in diesem Jahr hast du laufen gelernt. Mama und Papa waren ganz stolz auf dich, als du die ersten Schritte ganz alleine gemacht hast). Zeigen Sie dem Kind die passenden Fotos und legen Sie sie neben die Linie.
Am Ende der Feier singt die Gruppe dem Geburtstagskind ein Lied, bevor es die Geburtstagskerze ausbläst.

Das Geburtstags-Mandala

Sie benötigen: Kreisunterlage, besonders wertvolle Materialien (z. B. Edelsteine, Steinscheiben, Glasnuggets, Juwelensteine), kleine Stoffblüten, kleine Körbchen o. A., Teelichter, großes rundes Tablett

Zum Geburtstag freuen sich Geburtstagskinder neben einem Geburtstagsgeschenk auch über ein ganz individuell für sie gelegtes Geburtstags-Mandala. Besonders schön ist es, wenn der Freund/die Freundin die Gestaltung übernimmt.
Das fertige Mandala kommt auf den Geburtstagstisch. Während der Geburtstagsfeier werden die darin eingebetteten Teelichter in der Anzahl des Alters des Kindes angezündet.

Das bin ich!

Sie benötigen: Fotos der Kinder aus dem Krippen- oder Kita-Alltag, farbiges Papier, Laminierfolie und - gerät, Locher, Metallringe zum Zusammenhalten, Stifte zum Beschreiben oder Bemalen der Seiten

Gestalten sie mit jedem Kind sein ganz individuelles „Das bin ich"-Ringbuch, z. B. im DIN-A5-Format. Suchen Sie dazu mit dem Kind Fotos aus dem Krippen- oder Kitaalltag aus, die auf die farbigen Papiere geklebt, beschriftet und/oder bemalt werden. Laminieren Sie die Blätter. Mit einem Metallring werden sie zusammengehalten. Er lässt sich öffnen und schließen, sodass Sie immer wieder neue Fotos hinzufügen können.
Gestalten Sie die erste Seite des „Das bin ich"-Ringbuchs mit dem Foto der Familie des Kindes. Vater, Mutter, Geschwister, Hund und Katze begleiten das Kinder so tagtäglich im Betreuungsalltag.
Verlässt das Kind die Einrichtung, nimmt es das Ringbuch mit nach Hause. Es hat dann nicht nur eine schöne Erinnerung an seine Kita-Zeit. Die Fotos machen ihm auch deutlich, wie es sich entwickelt hat, sowohl körperlich als auch im Hinblick auf seine Fähigkeiten, die es gelernt hat.

Freunde, Mädchen, Gleichaltrige …

Sie benötigen: Fotos der Kinder mit Namen und Geburtsdatum, 5–6 Kordeln, kleiner Korb, Holzkästchen, Tablett

Legen Sie die Kordeln in den Korb und stellen Sie die Fotokarten in das Holzkästchen. Beides kommt auf das Tablett.
Zeigen Sie dem Kind, wie es mit den Materialien arbeiten kann. Geben Sie ein Sortierkriterium vor, das sich am Alter und Entwicklungsstand des Kindes orientiert. So können Sie z. B. vorschlagen: „Lass uns einmal schauen, welche Kinder in der Gruppe gleichaltrig sind." Sortieren Sie die Bilder nun nach dem Alter der Kinder. Legen Sie um jede Gruppe am Ende jeweils eine Kordel. Dies macht deutlich, dass es einen Zusammenhang und Zusammenhalt gibt und die einzelnen Kinder etwas miteinander verbindet.
Weitere Sortiermöglichkeiten können z. B. sein: Jungen-Mädchen, Haarfarben, Freunde, Kinder, die einen Mittagsschlaf halten und die, die nicht schlafen, Kinder mit langen Namen und mit kurzen oder Kinder mit und ohne Geschwister.

Der Redestein

Sie benötigen: besonders schöner, faustgroßer Stein o. Ä.

Dieses Ritual ist ursprünglich eine Tradition der nordamerikanischen Indianer.
Ein Redestein (es kann auch ein Stab oder ein anderer Gegenstand sein) wird, während die Gruppe zusammensitzt, im Kreis weitergereicht. Wer den Stein, wie in unserer Einrichtung, in der Hand hält, hat die Aufmerksamkeit aller. Nur er/sie darf sprechen und die anderen müssen zuhören. Niemand unterbricht den Redner, indem er dazwischenredet, z. B. korrigiert oder wertet. Der Redestein sorgt so für einen geordneten Gesprächsverlauf. Wer den Stein hat und nichts sagen möchte, gibt ihn einfach weiter.
Der Redestein hilft den Kindern, Gesprächsregeln kennenzulernen und zu verinnerlichen. Sie lernen zuzuhören und erst dann zu sprechen (oder auch nicht), wenn sie an der Reihe sind. Alle Äußerungen stehen gleichwertig nebeneinander.
In diesem geschützten Rahmen trauen sich schon bald auch Kinder, die nicht gerne vor der Gruppe sprechen, etwas zu sagen.

> **!** ***Gut zu wissen!***
> *Seien Sie sich immer wieder Ihrer Vorbildfunktion bewusst! Je jünger die Kinder sind, desto unreflektierter ahmen sie Sie als Modell nach.*

Das Gruppenalbum

Sie benötigen: kleines Fotobuch, Fotos aus dem Kita-Alltag

Im Kita-Alltag ist so einiges los. Halten Sie besondere Aktivitäten wie Ausflüge, außergewöhnliche Besuche usw. ebenso auf Fotos fest wie Alltägliches. In einem kleinen Fotoalbum sind die Bilder bestens aufgehoben, und die Kinder können sie sich immer wieder ansehen. Es entstehen dabei oft rege Diskussionen.
Im Gegensatz zu dem oben beschriebenen „Das bin ich"-Ringbuch (siehe S. 62) stehen hier die gemeinsamen Aktivitäten aller Kinder im Vordergrund. Das Kind kann sich mit anderen über die dargestellten Aktivitäten auf den Fotos unterhalten, sich in unterschiedlichen Bereichen vergleichen, sich selbst oder seine Freunde/Freundinnen darauf suchen.

Wer ist heute da?

Sie benötigen: kleine Fotos der Kinder, individuell gestaltete Wand zum Aufhängen der Fotos, Kiste o. Ä. für die Fotos

Gestalten Sie mit den Kindern eine kleine Wandtafel, z. B. passend zum Gruppennamen. Alle Fotos der Kinder müssen darauf Platz haben. Sie können z. B. mit Klettband oder Magnetstreifen befestigt werden.
Kommen die Kinder morgens in die Kita, nehmen sie ihr Foto und befestigen es an dem Board. Verlassen sie die Kita, wird das Foto wieder abgehängt.
Wer ist schon da? Wer fehlt noch? Wie viele Kinder sind da/noch nicht anwesend? Ist mein Freund/meine Freundin schon da? All dies lässt sich an der Wandtafel ablesen.

Der Obstteller

Sie benötigen: große runde Platte, jahreszeitentypisches Obst, Kindermesser, Brettchen

Schauen Sie sich mit den Kindern das bereitliegende Obst an und benennen Sie es.
Laden Sie die Kinder dazu ein, es zu schälen und in mundgerechte Stücke zu schneiden.
Dann beginnt das Legen des Mandalas. Die runde Platte gibt die Form vor, die von den Kindern nach eigenen Vorstellungen gefüllt wird.
Das Obstmandala kann nun z. B. zum Frühstücksbuffet oder auf den Frühstückstisch

gestellt werden. Es kann aber auch im Stuhlkreis von einem Kind herumgereicht werden. Achten Sie darauf, dass die Kinder sich bedanken, wenn sie sich ein Stück Obst genommen haben.
Auf jeden Fall macht Obstessen Spaß, wenn es mit anderen und für die Gemeinschaft zubereitet wird.
Regelmäßig angeboten, können die Kinder schon bald in Eigenregie tätig werden.
Weitere Möglichkeit: Legen Sie den Kindern verschiedene Gemüse bereit, mit denen sie einen Gemüseteller für die Gemeinschaft gestalten können.

Stufen des Tuns

Maria Montessori erkannte bei der Arbeit des Kindes vier aufeinander aufbauende Motivationsstufen, die sie als Stufen des Tuns bezeichnet:

1. Stufe: Für das junge Kind haben die einzelnen Tätigkeiten Selbstzweck. Es deckt z. B. den Tisch um des Deckens willen, gießt die Blumen um des Gießens willen. Es ist vordergründig an der Bewegung und am Gegenstand interessiert. Das Kind tut etwas um des Tuns willen. Das Ergebnis steht noch im Hintergrund.

2. Stufe: Das Kind ist durch die Wiederholung der Tätigkeit sicherer geworden. Es legt nun Wert darauf, die Arbeit möglichst genau und vollständig auszuführen. Das Besteck wird nun z. B. beim Tischdecken genau auf die dafür vorgemalte Schablone gelegt.

3. Stufe: Das Kind will nun sein gelerntes Können und Wissen im Alltag anwenden und den Tisch für eine Mahlzeit korrekt decken.

4. Stufe: Der soziale Aspekt gewinnt an Bedeutung. Das Kind erkennt, dass seine Arbeit eine sinnvolle Tätigkeit für die Gemeinschaft ist und wird in diesem Sinne aktiv.

Den Tisch decken

Sie benötigen: kleiner Tisch, laminiertes Tischset, Besteck, Essgeschirr, großer Korb o. Ä.

Kinder decken gerne für die Gemeinschaft den Tisch. Während die Älteren dies in der Regel schon alleine können, benötigen junge Kinder noch ein wenig Hilfe, z. B. in Form eines aufgemalten Tischsets. Es zeigt an, wo die einzelnen Teile wie das Glas, das Besteck, der Teller oder das Dessertschälchen ihren Platz haben.
Stellen Sie alle Materialien in einem Korb o. Ä. auf einem kleinen Tisch bereit. Zeigen Sie dem Kind, wie der Tisch gedeckt wird. Anschließend wird wieder abgeräumt, sodass ein anderes Kind tätig werden kann.

> **Gut zu wissen!**
> *Kinder wollen das, was sie geübt haben, im Alltag auch anwenden. Bieten Sie ihnen im Tagesablauf also immer wieder Möglichkeiten, den Tisch zu decken, z. B. zum Frühstück oder Mittagessen.*

Junge und Mädchen

Sie benötigen: Bilder der Kinder der Gruppe, farbige Klebepunkte, zwei kleine Puppen (ein Junge, ein Mädchen), kleiner Korb, Tablett, Teppich
Vorbereitung: Markieren Sie die Fotokarten auf der Rückseite mit farbigen Klebepunkten (z. B. gelb = Junge, grün = Mädchen). Achten Sie darauf, dass die Puppen Kleidung in der jeweiligen Farbe tragen (Junge: gelbe Hose, gelbes Hemd; Mädchen: grünes Kleid – für die Fehlerkontrolle).

Zeigen Sie dem Kind die beiden Puppen und benennen Sie sie. Legen Sie die Puppen in etwas Abstand nebeneinender auf den Teppich. Nehmen Sie ein Foto eines Kindes der Gruppe. Ist das Kind ein Junge oder ein Mädchen? Ordnen Sie das Bild der entsprechenden Puppe zu. Wiederholen Sie dies mit zwei bis drei weiteren Fotos.
Bitten Sie dann das Kind, die Arbeit zu übernehmen. Sind alle Fotos den Puppen zugeordnet, kann es durch die Klebepunkte auf der Rückseite der Fotos seine Arbeit selbst kontrollieren.

Frau, Mann, Tochter, Sohn ...

Sie benötigen: kleine Puppen, die eine Familie darstellen (Mann, Frau, Junge, Mädchen; Namenkarten (Vater, Mann, Ehemann, Sohn, Mutter, Frau, Eltern, Kinder ...); großes und kleines Körbchen; Kordel; Tablett

Nehmen Sie die Figuren aus dem großen Korb und legen Sie sie nebeneinander auf den Tisch. Lassen Sie das Kind die einzelnen Puppen benennen (z. B. Papa, Vater, Mann ...). Suchen Sie die Kärtchen mit den Namen, die es dazu benutzt, und legen Sie sie unter die Puppen. Überlegen Sie mit dem Kind, welche weiteren Namen die Püppchen haben können. Ein Papa ist nicht nur der Vater, sondern auch der Mann, der Ehemann, der Sohn, der Schwiegersohn usw. Erarbeiten Sie die auf den Namenkarten stehenden Begriffe mit dem Kind und ordnen Sie die Kärtchen den jeweiligen Püppchen zu.
Legen Sie am Ende die Kordel um die Püppchen und die Karten.
Dem Kind wird damit verdeutlicht, dass alles zusammengehört (Familie), wir aber für verschiedene Personen auch verschiedene Zuordnungen und Namen haben.

Grenzenlose Freiheit?

Freiheit ist ein wichtiger Begriff in der Montessori-Pädagogik. Leider wird er allzu oft falsch verstanden. Er bedeutet nicht, dass ein Kind immer nur das machen kann, was es will, sich an keine Regeln oder Absprachen halten muss.

Freiheit bedeutet für Maria Montessori vielmehr, dass ein Kind seinem momentanen Entwicklung entsprechend selbst entscheiden kann, wann, wo, wie lange, mit wem und womit es sich beschäftigen möchte.

Die Freiheit des Kindes hat deutliche Grenzen. Sie endet z. B. immer da, wo die Interessen eines Anderen oder der Gemeinschaft beginnen und wo Material unsachgemäß gehandhabt wird.

Damit ein Kind lernt, mit Freiheit verantwortungsvoll umzugehen, muss es sich mit der liebevollen Unterstützung eines Erwachsenen immer wieder darin üben können.

Normen, Werte, Absprachen und klare Regeln, die für alle gelten, helfen ihm dabei ebenso wie die Möglichkeit, frei zu wählen, sich also für oder gegen etwas zu entscheiden.

Tier-Familien

Sie benötigen: Tierfamilien (Mutter, Vater, Kind); je 1 Bild einer Frau, eines Mannes und eines Kindes; Korb; kleiner Kasten; Tablett

Mama, Papa, Kind bilden in der Regel eine Familie. Dies gilt nicht nur für Menschen, sondern auch für Tiere. Doch wer ist und wie heißt der Vater des Fohlens? Zu welcher Mama und welchem Vater gehört das Küken?
Zeigen Sie dem Kind die einzelnen Tiere und benennen Sie sie. Legen Sie die Bilder nebeneinander und ordnen Sie ihnen eine Tierfamilie zu. Laden Sie das Kind ein, aktiv zu werden und Ihnen zu helfen. Sicher kann es schon bald die Übung alleine durchführen.

Jemanden begrüßen

Sie benötigen: kein Material

In der Montessori-Pädagogik spielen Anstand und Höflichkeit eine wichtige Rolle im täglichen Umgang miteinander.
Damit Kinder wissen, warum wir einander grüßen und wie jemand angemessen begrüßt wird, müssen sie dies lernen. Sprechen Sie mit der Gruppe darüber und erarbeiten Sie mit den Kindern unterschiedliche Möglichkeiten des Begrüßens (Hand reichen, „Guten Tag“ sagen, jemanden umarmen, jemandem einen Kuss geben ...). Bedenken Sie, dass jede Kultur hier ihre eigenen Rituale hat. Üben Sie mit den Kindern die unterschiedlichen Möglichkeiten, die immer auch abhängig von der Tageszeit, vom Personenkreis oder dem Ort der Begegnung sind, im Rollenspiel.
Wichtig ist dabei natürlich auch Ihr eigenes Vorbild. Seien Sie sich dessen bewusst und handeln Sie dementsprechend. Vor allem junge Kinder ahmen Sie unreflektiert nach und übernehmen schnell Ihre Verhaltensweisen.

> ***Gut zu wissen!***
> *Maria Montessori ist der Meinung, dass Kinder Umgangsformen lernen müssen. Sie sollten aber frei entscheiden können, wann sie diese anwenden.*

Eine kleine Husten-Übung

Sie benötigen: kein Material

Damit Kinder wissen, wie sie sich richtig verhalten, wenn sie husten müssen, können Sie dies mit ihnen üben.
Zeigen Sie ihnen zuerst, wie sie in die Armbeuge husten und erklären Sie ihnen, warum dies sinnvoller ist, als die Hand vor den Mund zu halten.
Machen Sie anschließend eine kleine Husten-Übung. Jedes Kind darf zeigen, wie es in die Armbeuge hinein hustet.

Der Friedenstisch

Sie benötigen: kleiner Tisch mit 2 Stühlen, mit der Gruppe erarbeitetes Friedenssymbol (z. B. Taube, große Glaskugel, Olivenzweig)

Kinder haben immer wieder auch Streit mit anderen. Dieser geht manchmal sogar so weit, dass beide Parteien nicht mehr vernünftig miteinander umgehen können. Damit sie lernen, ihren Standpunkt zu äußern und einen Streit friedlich und selbstständig zu lösen, eignet sich der Friedenstisch, an dem beide Streithähne Platz nehmen.
Die nun folgende Vorgehensweise orientiert sich an einem bestimmten Ablauf:

- Zunächst bekunden beide Kinder mit Handauflegen auf ihr Herz, die Wahrheit zu sprechen und höflich miteinander umzugehen.
- Das Kind, das sich im Konflikt benachteiligt fühlt, nennt den Namen seines Gegenübers und schaut ihn an. Dann beschreibt es die Konfliktsituation aus seiner Sicht und schlägt eine Lösung vor.
- Das andere Kind kann nun Stellung dazu nehmen und ebenfalls seine Sicht der Dinge erklären.
- Vielleicht kommen beide zu einer friedlichen Lösung. Es wird auf jeden Fall so lange weiter miteinander gesprochen, bis sich beide einig sind. Eventuell müssen Sie in diesen Prozess eingreifen und die Kinder darin unterstützen.
- Am Ende erklären sich beide mit der Lösung einverstanden und geben sich die Hände.

Einen Brief schreiben

Sie benötigen: Papier, Stift, Buntstifte, Briefumschlag, Briefmarke

Über einen netten Brief freut sich wohl jeder, zeigt er doch, dass an ihn gedacht wird. Gelegenheit zum Schreiben gibt es in der Kita z. B. wenn eine pädagogische Fachkraft oder ein Kind wegzieht, für einen längeren Aufenthalt ins Krankenhaus muss oder aus einem anderen Grund nicht die Einrichtung besuchen kann. Vielleicht bekommt eine Erzieherin auch ein Baby und alle gratulieren ihr mit einem kleinen schriftlichen Gruß aus der Kita.
Erklären Sie den Kindern, worum es bei einem Brief geht. Überlegen Sie gemeinsam mit ihnen, was die Kinder „schreiben" wollen. Je nach Alter und Fähigkeit können sie selbst schreiben, oder Sie übernehmen diese Aufgabe. Vielleicht will der ein oder andere auch noch ein kleines Bild auf das Briefpapier malen. Kinder, die ihren Namen schreiben können, setzen ihre Unterschrift unter den Text.
Der Brief kommt in den Umschlag, wird mit aufgeklebter Briefmarke in einen Briefkasten geworfen oder zur Post gebracht.
Vielleicht kommt ja in den nächsten Tagen ein Brief vom Adressaten zurück.
Weitere Möglichkeit: Die Kinder schreiben eine nette Postkarte an ein anderes Kind oder an die eigene Familie.

Eine Einladung gestalten

Sie benötigen: Material zum Basteln einer Einladung

Gelegenheiten, jemanden einzuladen, gibt es in der Kita reichlich: Es findet ein Infoabend für Eltern statt. Der neu gestaltete Außenbereich soll offiziell feierlich eingeweiht werden. Ein Sommerfest steht an, zu dem die Familie, Verwandte und Freunde erwartet werden.
Doch warum laden wir überhaupt Gäste ein? Wie wird zu den unterschiedlichen Veranstaltungen eingeladen? Wer wird eingeladen? Worauf ist zu achten?
Beziehen Sie die Kinder ihrem Entwicklungsstand und ihren Interessen entsprechend in die Gestaltung der Einladungen ein. Klären Sie in Gesprächen Fragen dazu. Gestalten Sie mit den Kindern passende Einladungen, die sie persönlich überreichen oder mit der Post verschicken.

6. NATUR UND UMWELT

„Die Natur ist die Lehrerin des Lebens, lasst uns ihren Wegen folgen!“

Maria Montessori: Kosmische Erziehung

Alle Menschen, egal ob jung oder alt, sind Mitgestalter dieser Welt. Als Teil des Kosmos haben wir ihr gegenüber große Verantwortung, der wir nur dann gerecht werden können, wenn wir um die kosmische Ordnung wissen und unsere Stellung innerhalb dieses komplexen Systems kennen.

Maria Montessori sieht darin eine wesentliche Aufgabe der kosmischen Erziehung, deren Schwerpunkt sie auf das Alter von 6–12 Jahren legt.

Die Zeit von 3–6 Jahren dient als Vorbereitung, in der das Kind Grunderfahrungen sammelt (z. B. in der Ordnung, Bewegung oder in der Mathematik), auf die ihre kosmische Erziehung aufbaut.

Mit Ausflügen in die Natur, Museumsbesuchen, naturwissenschaftlichen Experimenten, der Auseinandersetzung mit der eigenen und mit fremden Kulturen, mit Festen im Jahreskreis usw. wird die Neugierde der Kinder auf diese Welt geweckt. Arbeitsmaterialien zum Greifen (z. B. Schleichtiere, Tastglobus) und Begreifen (z. B. Bildkarten, Namenkarten, Bilderbücher) ergänzen das kosmische Angebot, machen erste Zusammenhänge deutlich und zeigen bereits den jungen Kindern Handlungsmöglichkeiten im Rahmen ihres Entwicklungsstandes.

Der Jahreszeitenkreis

Sie benötigen: 4 Kreissegmente (grün = Frühling, gelb = Sommer, dunkelrot = Herbst, dunkelblau = Winter), kleiner Kreis in Gelb (= Sonne), je ein Bild der vier Jahreszeiten, Namenkarten (Frühling, Sommer, Herbst, Winter), kleine Gegenstände, passend zu den Jahreszeiten (Kastanie, Sonnenbrille, Seidenblume, Puppen-Badeanzug, Schneemann, Osterei usw.), Korb, Box für die Karten, große Kiste oder Tablett

Der Jahreszeitenkreis gibt den Kindern einen guten Überblick über das Jahr, die Jahreszeiten, Feste, Feiern usw. Je nach Größe kann er auf einem Tisch oder dem Boden ausgelegt werden. Begonnen wird mit den vier Segmenten in den Farben der Jahreszeiten. Darauf legen die Kinder in die Mitte den gelben Kreis, der die Sonne symbolisiert. Sie ordnen die Namenkarten den Jahreszeiten zu. Überlegen Sie dann gemeinsam, welche Gegenstände zu welcher Jahreszeit passen. Sie werden in dem jeweiligen Feld abgelegt.
Der Jahreszeitenkreis ist die einfachste Variante und die Basis der Arbeit mit Themen rund um das Jahr. Er kann bereits mit sehr jungen Kindern gestaltet werden.

Der Jahreszeiten-Tisch

Sie benötigen: kleiner Tisch oder Regal, jahreszeitentypische Materialien aus der Natur, dazu passende Fotos und Bilderbücher, Tischdecke, Foto- und Bilderbuchständer

Gestalten Sie mit den Materialien, die die Natur in den unterschiedlichen Jahreszeiten bietet, einen kleinen Jahreszeitentisch. Bei einem Spaziergang mit den Kindern können alle fleißig entsprechende Dinge sammeln, die dann auf dem Tisch ausgestellt werden. Schöne Fotos und ein passendes Bilderbuch ergänzen und vertiefen die Sammlung und regen zu weiteren Themen und Gesprächen an.

Die Jahreskette

Sie benötigen: 365 Holzperlen (3 Farbabstufungen in Grün = Frühling, 3 Farbabstufungen in Gelb = Sommer, 3 Farbabstufungen in Dunkelrot = Herbst, 3 Farbabstufungen in Dunkelblau = Winter), Schnur zum Auffädeln, kleine Bild- oder Namen-Pfeilkarten (Feiertage, Feste, besondere Veranstaltungen), Dose, Korb
Vorbereitung: Fädeln Sie die Perlen entsprechend den Farbabstufungen auf. Möchten Sie sie nicht selbst herstellen, kann eine solche Kette auch über den Fachhandel bezogen werden.

Die Jahreskette macht den Kindern die einzelnen Tage und Monate im Jahreszyklus deutlich. Jede Perle steht für einen Tag des Jahres. Die Farbe gibt an, zu welchem Monat sie zählt.
Ordnen Sie mit den Kindern die Bild- oder Namenkarten zu. Sie können sich so einen Überblick über deren Position im Jahresrhythmus verschaffen.

Der Kalender

Sie benötigen: Kalender, gekauft oder selbst hergestellt (je nach Alter der Kinder mit Anzeige des Jahres, des Monats, des Datums, des Tages und mit einem Jahreszeitenbild, Wetterkarten) zum Aufhängen oder -stellen

Die tägliche Arbeit mit einem Kalender ist fester Bestandteil in Montessori-Kinderhäusern und -schulen.
Mit einem Kalender, der sich am Alter und Entwicklungsstand der Kinder orientiert, lernen sie neben verschiedenen zeitlichen Begriffen die jahreszeitlichen Zusammenhänge kennen und sich daran zu orientieren.
Als Ritual zu Beginn des Morgenkreises bietet er in der Kita oder der Schule immer wieder Anlass zu Gesprächen über unterschiedliche Themen wie das Wetter, besondere Naturereignisse, Feste im Jahreskreis, Wechsel der Jahreszeiten.

Gut zu wissen!
Auch zu Hause kann die Arbeit am Kalender zu einem Ritual werden. Finden Sie in Ihrem Alltag eine Zeit, in der Sie Ruhe haben, um mit dem Kind mal mehr, mal weniger intensiv, dafür aber regelmäßig, daran zu arbeiten. Achten Sie darauf, dass der Kalender an einem Platz steht oder hängt, den das Kind gut erreichen kann.

Das Aquarium

Sie benötigen: ein Aquarium mit Fischen, Fischfutter, Fütterplan

Die Haltung eines Haustiers ist fester Bestandteil in Montessori-Einrichtungen. Dabei geht es u.a. darum, dass die Kinder lernen, Verantwortung für die Pflege von anderen Lebewesen zu übernehmen.
Mit einem Fütterplan können sie diese Aufgabe selbstständig und eigenverantwortlich erfüllen. Dieser kann recht unterschiedlich gestaltet sein. Überlegen Sie gemeinsam mit den Kindern ein für die Gruppe passendes System. Achten Sie dabei darauf, dass die Kinder möglichst in Eigenregie tätig werden können.

Die vorbereitete Umgebung

Maria Montessori fordert für das Kind von Geburt an eine *„Vorbereitete Umgebung"*, die sich an seinen momentanen Bedürfnissen und den sensiblen Phasen orientiert.
Hier wird deutlich, dass diese Umgebung nichts Starres, Festgelegtes sein kann. Vor allem zu Hause wandelt sie sich vielmehr immer wieder und passt sich dem Kind in physischer und psychischer Hinsicht an.
Auch im Kinderhaus und der Grundschule unterliegt die vorbereitete Umgebung einem ständigen Wandel, vor allem im Hinblick auf das Materialangebot. Neben dem klassischen Montessori-Material wird das Spielangebot z. B. immer wieder durch abwechslungsreiche Zusatzmaterialien zu den verschiedenen Lernbereichen ergänzt.
Aufgabe des Erwachsenen ist es, diese vorbereitete Umgebung immer wieder herzustellen, sie aber auch von Zeit zu Zeit kritisch zu überprüfen und gegebenenfalls den kindlichen Bedürfnissen z. B. mit neuen Materialien, kindgerechteren Möbeln oder einem veränderten Ordnungssystem anzupassen.

Schnecken beobachten

Sie benötigen: Terrarium oder leeres Aquarium mit Deckel, Erde, 1–2 Rindenstücke (zum Verstecken), Äste, Eierschalen (als Kalklieferant), flache Schale mit Wasser (zum Baden), Obst/Gemüse (als Nahrung), Schnecken

Schnecken faszinieren Kinder immer wieder. Vor allem ihre langsame Fortbewegung macht sie zu idealen Beobachtungsobjekten. Für kurze Zeit in einem Aquarium oder einem Terrarium mit Abdeckung einquartiert, können die Kinder ihnen z. B. beim Fressen, Kriechen oder Baden zuschauen. Ergänzendes Material, selbst hergestellt oder gekauft (Bilderbücher, Puzzle, Fotos, Arbeitskarten usw.), regt die Kinder dazu an, sich auf unterschiedlichen Ebenen mit den Kriechtieren zu beschäftigen.

Gut zu wissen!
Maria Montessori findet es wichtig, die Kinder „zur intelligenten Beobachtung der Natur" anzuleiten. Dazu eignen sich nicht nur Schnecken, sondern auch Regenwürmer oder Raupen, die nach der Beobachtung wieder in die Natur zurückgebracht werden.

Steine untersuchen

Sie benötigen: 4–6 verschiedene Steine, Korb, Lupe, Tablett

Sammeln Sie z. B. bei einem Spaziergang Steine mit den Kindern. Lassen Sie sie von den Kindern waschen, bevor sie in den Korb kommen. Mit einer Lupe können die Steine nun genauer untersucht werden. Dabei nehmen die Kinder das Gewicht, die Form, die Farbe und die Oberflächenstruktur wahr.
Besonders faszinierend sind immer wieder Steine mit glitzernden Kristallen und Mineralien. Sehr schnell tauchen dann Fragen auf, z. B. „Wo kommen die Steine her?" „Wie heißen sie?" „Was glitzert da so?" Philosophieren Sie doch mal gemeinsam mit den Kindern und zeigen Sie ihnen Möglichkeiten auf, Antworten zu finden.
Weitere Möglichkeit: Stellen Sie Bildkarten her, die die vorhandenen Steine zeigen. Die Kinder ordnen sie den jeweiligen Steinen zu. Namenkarten ergänzen das Angebot und sind eine Herausforderung für ältere Kinder, die sich im Leselernprozess befinden.

Verkehrsschilder zuordnen

Sie benötigen: kleine Spielzeug-Verkehrsschilder, dazu passende Karten, Klebepunkte, Korb für Verkehrsschilder, Kästchen für Karten, Tablett

Kita-Kinder sind als Fußgänger aktive Teilnehmer im Straßenverkehr, auch wenn sie noch in Begleitung Erwachsener unterwegs sind.
Damit sie Grundkompetenzen für eine sichere und spätestens im Grundschulalter selbstständige Teilnahme am Straßenverkehr erwerben können, ist eine altersgerechte Verkehrserziehung notwendig. Dazu zählen regelmäßige Ausflüge, bei denen z. B. für Kinder relevante Verkehrsschilder betrachtet und besprochen werden. Ein entsprechend gestaltetes Tablett vertieft die hier gewonnenen Informationen und regt zur weiteren Auseinandersetzung mit Themen rund um die Verkehrserziehung an.
Das Kind ordnet dabei die kleinen Verkehrsschilder den passenden Bildern zu. Als Fehlerkontrolle sind die passenden Kombinationen auf der Rückseite farbig gekennzeichnet.

Kaffeebohnen mahlen

Sie benötigen: Handmühle, Kaffeebohnen, Löffel, 1 Dose für Kaffeebohnen, 1 Dose für den gemahlenen Kaffee, Tablett

Früher und heute – in vielen Bereichen des alltäglichen Lebens hat sich einiges geändert. Ein Beispiel dafür ist das Kaffeemahlen. Zeigen sie den Kindern eine alte Kaffeemühle und überlegen Sie mit ihnen, wie sie funktioniert und gehandhabt wird. Wo kommen die Kaffebohnen rein? Wie werden sie zu pulvrigem Kaffee? Wer hat früher eine solche Kaffeemühle benutzt? Vielleicht finden Sie noch entsprechendes Fotomaterial dazu.
Ordnen Sie alle Materialien zum Kaffeemahlen auf dem Tablett an, sodass die Kinder selbstständig damit arbeiten können.

Mit Essstäbchen üben

Sie benötigen: Essstäbchen, 2 Schälchen, dicke Bohnen, Tablett

In vielen östlichen Ländern essen die Menschen mit Essstäbchen statt mit Messer und Gabel. Das ist gar nicht so einfach.
Zeigen Sie dem Kind, wie es die Essstäbchen hält, um damit Dinge greifen zu können. Nehmen Sie mit den Stäbchen eine dicke Bohne aus dem Schälchen und legen Sie sie in dem leeren Schälchen ab. Wiederholen Sie dies mit drei bis vier weiteren Bohnen. Laden Sie dann das Kind ein, die Übung fortzusetzen.
Weitere Möglichkeit: Tauschen Sie die Bohnen aus und bieten Sie immer wieder andere Materialien zum Greifen an.

Geld sortieren

Sie benötigen: kleine Geldkassette mit 4 Einteilungen; kleines Mäppchen mit 1-Cent-, 2-Cent-, 5-Cent- und 10-Cent-Münzen; Schälchen; Tablett

Schon Kita-Kinder haben mit Geld zu tun. Mit dieser kleinen Übung lernen sie die einzelnen Münzen des Euro kennen und voneinander zu unterscheiden.
Öffnen Sie die Geldkassette. Nehmen Sie den Einsatz heraus und dann das kleine Mäppchen auf dem Boden der Geldkassette. Öffnen Sie das Mäppchen und schütten Sie das Geld in das Schälchen. Sortieren Sie es in die Fächer der Geldkassette.
Laden sie das Kind dazu ein, die Übung weiterzuführen.
Sind alle Münzen zugeordnet, werden sie wieder in das Mäppchen zurückgelegt.
So kann das nächste Kind direkt mit der Arbeit beginnen.

Was wächst denn da?

Sie benötigen: Hochbeete, Samen von Blumen oder/und Gemüse, Stecklinge, Gartenwerkzeuge für Kinder

Der Arbeit im Garten kommt in einer Montessori-Einrichtung die gleiche Bedeutung zu wie der Arbeit im Gruppen- oder Klassenraum.
Vor allem Hochbeete eignen sich zum Bepflanzen, Aussäen, Beobachten, Experimentieren, Entdecken, Hegen und Pflegen der unterschiedlichsten Gewächse. Hier können die Kinder Selbstwirksamkeit erleben, Vorgänge in der Natur begreifen, den Jahreszeitenrhythmus beobachten, Zusammenhänge entdecken, Verantwortung übernehmen.
Prinzipien, die für die Materialien im Raum gelten, haben auch in diesem Arbeitsbereich ihre Gültigkeit. Alle Materialien und Werkzeuge müssen auf die Kinder abgestimmt und voll funktionsfähig sein.
Begleiten und unterstützen Sie die Kinder, indem Sie ihre Neugierde für die Tier- und Pflanzenwelt wecken, ihre Fragen beantworten, Erfolgserlebnisse ermöglichen.

> **! *Gut zu wissen!***
> *Nach Maria Montessori ist die angenehmste Arbeit im Garten das Ernten, das wiederum den Reiz des Pflanzens ausmacht. Pflanzen Sie also möglichst Obst und Gemüse, das die Kinder unverarbeitet essen können und das sie mögen (Karotten, Radieschen, Kräuter, Himbeeren, Erdbeeren, Erbsen etc.).*

Topfpflanzen pflegen

Sie benötigen: kleine Gießkanne, Schere, Tuch, Wachstuch, Schürze, Schälchen, Bodenwischer, Tablett

Zeigen Sie dem Kind, wie es die Schürze anzieht und den Tisch mit den Arbeitsmaterialien vorbereitet. Tragen Sie mit ihm die Zimmerpflanzen zum Arbeitsplatz. Füllen Sie die Gießkanne mit Wasser. Zeigen sie dem Kind, wie man mit dem Daumen das Ausgießloch verschließt. Bitten Sie es, die Gießkanne langsam zum Tisch zu tragen. Dort werden die bereitstehenden Zimmerpflanzen vorsichtig gegossen. Eventuell müssen abgestorbene Blätter oder Blüten entfernt oder überschüssiges Wasser aus einem Topf abgeschüttet werden. Führen Sie all diese Arbeiten langsam und deutlich durch. Benennen Sie ihre Handlungen und die Materialien, die Sie dazu benutzen. Sind alle Blumen versorgt, wird der Tisch aufgeräumt, gesäubert und das Tablett zurück an seinen Platz im Raum getragen.

Blumen pflücken

Sie benötigen: Gefäß mit Wasser

Kinder pflücken sehr gerne Blumen. In der Regel halten sie sie dabei am Blütenkopf fest und reißen sie dann ab. Dadurch sind die Stängel oft zu kurz, um sie in eine Blumenvase stellen zu können.
Zeigen Sie daher den Kindern bei einem Spaziergang über eine Wiese, wie Blumen gepflückt werden, damit alle lange Freude daran haben. Brechen Sie die Stängel kurz über dem Boden ab. Die Kinder sollen ihnen dabei genau zuschauen. Erklären Sie ihnen, warum es wichtig ist, dass die gepflückten Blumen einen möglichst langen Blütenstiel haben. Sprechen Sie ebenfalls mit den Kindern darüber, warum nur so viele Blumen wie nötig gepflückt werden sollen.
Die Blumen kommen so schnell wie möglich in das mit Wasser gefüllte Gefäß. Ein guter Platz für die Vase ist sicher der Ess-/Frühstückstisch der Kinder.

Schnittblumenpflege

Sie benötigen: Schnittblumen mit „weichen“ Stielen, Glasvasen, kleiner Abfalleimer, Kinder-Gartenschere, Wachstuch, Gießkanne mit Wasser, Tuch, Kinderschürze, Tisch

Bereiten Sie mit dem Kind den Arbeitsplatz vor. Zeigen Sie ihm die einzelnen Materialien und benennen Sie sie. Bitten Sie das Kind, die Schürze anzuziehen und Wasser in die Gießkanne zu füllen.
Wählen Sie mit dem Kind eine der bereitstehenden Vasen für die Blumen aus. Zeigen Sie ihm, wie es vorsichtig Wasser mit der Gießkanne in die Vase schüttet. Wischen Sie Wasser, das von der Gießkanne tropft, mit dem Tuch ab. Nehmen Sie eine beliebige Blume. Entfernen Sie die unteren Blätter, falls welche vorhanden sind. Schneiden Sie mit der Schere ein kleines Stück vom Stiel ab. Stellen Sie die Blume in die Vase. Wiederholen Sie dies mit zwei bis drei weiteren Blüten. Dann kann das Kind die Arbeit übernehmen.
Sind alle Blumen versorgt, werden die Materialien wieder aufgeräumt. Das Kind sucht einen Platz, an den es die Vase stellt.

Die Details und das Ganze

Wir gehen spazieren und müssen einen klitzekleinen Anstieg hinauf. Leon meint: „Das ist aber ein steiler Berg!“ Elise antwortet entrüstet: „Das ist doch kein Berg! Ein Berg ist viel, viel höher. Als wir im Urlaub waren, da gab es richtige Berge.“ Es entsteht eine kurze Debatte unter den Kindern, ob wir nun gerade einen Berg erklimmen oder nur eine kleine Steigung vor uns haben.
Im Kinderhaus angekommen, greifen einige wieder das Thema auf.
Wir schauen uns deshalb auf dem Globus an, wie Berge dort dargestellt sind und wo es überall auf der Welt Berge gibt.
Da nach Maria Montessori alles mit allem verknüpft ist, geben wir den Kindern damit zuerst ein Bild des Ganzen und einen Überblick über die Zusammenhänge. Erst dann folgen Angebote zu Details, die schließlich nicht isoliert vom Ganzen betrachtet werden können. Maria Montessori bezeichnet diesen Grundsatz ihrer Pädagogik als: „Das Ganze geben, indem man das Detail gleichsam gibt als Mittel.“
Dies macht die Kinder neugierig, regt sie dazu an, Fragen zu stellen und sich dadurch intensiver mit einem Thema zu beschäftigen. Somit dient das Detail wiederum als Mittel, um es in einen Gesamtzusammenhang einordnen und das Ganze begreifen zu können.
Wir sammeln in den folgenden Tagen u. a. Postkarten und Bilder von Bergen, sprechen darüber, wie Berge entstehen, wer oder was dort lebt, und suchen Berge in unserer Umgebung. Mal sehen, was die Kinder sonst noch interessiert.

Herbstblätter sortieren

Sie benötigen: rechteckiges weißes Tonpapier, Filzstift, gepresste Herbstblätter in 4–5 unterschiedlichen Formen (z. B. Eichen-, Ahorn-, Linden-, Buchenblätter), Klarsichtfolie, flache Schale, großes Tablett
Vorbereitung: Unterteilen Sie das Tonpapier in 8–10 gleich große Felder. Zeichnen Sie die unterschiedlichen Umrisse der Blätter in die oberen Felder. Die Felder darunter bleiben frei.

Das Kind nimmt ein Blatt aus der Schale und vergleicht die Form mit denen, die auf dem Papier aufgemalt sind. Dann legt es das Blatt in das entsprechende Feld unter der aufgemalten Form ab. Sind alle Blätter zugeordnet, ist die Arbeit beendet. Das Kind legt die Blätter zurück in die Schale. Es bringt das Tablett wieder an seinen Platz im Regal oder wiederholt die Übung.

Magnetisch – nicht magnetisch

Sie benötigen: Magnet, je 5–6 magnetische und nicht magnetische Gegenstände, Korb, 2 kleine Körbe, Tablett

Zeigen Sie dem Kind den Magnet und benennen Sie ihn. Erklären Sie, worum es bei dem folgenden Experiment geht.
Nehmen Sie einen Gegenstand aus dem Korb und testen Sie, ob er am Magnet haftet oder nicht. Legen Sie ihn in einen der kleinen Körbe. Testen Sie drei bis vier weitere Materialien. Legen Sie Dinge, die magnetisch sind, in einen, Dinge, die nicht magnetisch sind, in den anderen Korb. Fragen Sie das Kind, ob es die Übung fortführen möchte.
Sind alle Materialien geprüft und sortiert, kommen sie wieder zurück in den Korb. Das Kind wiederholt die Übung oder bringt das Tablett zurück an seinen Platz.

Was sinkt – was schwimmt?

Sie benötigen: großes Glasgefäß (z. B. Aquarium); 8–10 Gegenstände, die sinken und schwimmen; 2 kleine Schüsseln; große Schüssel; Tuch
Wichtig: Das Tablett ist zu schwer und zu unhandlich zum Transportieren. Suchen Sie daher einen festen Platz im Raum, an dem es stehen bleibt und an dem die Kinder ungestört damit arbeiten können.

Geben Sie alle Materialien in die große Schüssel und benennen Sie sie mit dem Kind. Was schwimmt wohl auf dem Wasser und was sinkt auf den Boden?
Lassen Sie das Kind einen Gegenstand aussuchen. Schwimmt er, oder geht er unter? Testen Sie es gemeinsam.
Überlegen Sie dann mit dem Kind, warum etwas schwimmt oder eben nicht. Orientieren Sie sich dabei am Entwicklungsstand des Kindes. Sortieren Sie alle Gegenstände, die schwimmen, in die eine Schüssel, alle, die untergehen, in die andere. Kommt dabei Wasser auf den Tisch oder den Boden, machen Sie das Kind darauf aufmerksam. Das Wasser wird mit dem bereitliegenden Tuch aufgewischt.

Einen Fächer falten

Sie benötigen: DIN-A4-Papier, Buntstifte im Becher, Klebefilm, großes Tablett

Mit einem Fächer kann man sich oder anderen wunderbar Luft zufächeln. Das ist besonders im Sommer angenehm. Außerdem lässt sich mit einem selbst gebastelten Fächer experimentieren. Was bewegt sich durch den Luftzug beim Fächeln? Wo muss besonders kräftig gefächelt werden? Was reagiert nicht auf die gefächelte Luft?
Nachdem das Kind das Papier mit den Buntstiften nach eigenen Ideen gestaltet hat, geht es ans Falten.
Zeigen sie ihm, wie dies geht. Legen Sie das Papier dazu mit der kurzen Seite vor sich. Falten Sie es von unten nach oben in schmale Streifen (Ziehharmonika). Arbeiten Sie langsam und mit überdeutlichen Bewegungen. Betonen Sie vor allem das Wenden des Papiers nach jedem Faltschritt. Sind Sie etwa in der Hälfte des Blattes angekommen, kann das Kind die Arbeit übernehmen.
Ist das Papier komplett gefaltet, knicken Sie einen kleinen Teil um und fixieren ihn mit dem Klebestreifen. Er dient als Griff, um den Fächer festzuhalten.

Der „Dreck-weg-Spaziergang“

Sie benötigen: Müllbeutel, Zangen mit langem Griff, evtl. Gummihandschuhe für Kinder

Auch Umweltschutz ist ein Bereich der kosmischen Erziehung. Schon junge Kinder können hierzu ihren Beitrag leisten.
Nehmen Sie beim nächsten Ausflug Müllbeutel und Zangen mit. Alles, was die Natur verschmutzt, greifen die Kinder mit den Zangen und befördern es in einen Müllbeutel.
Zurück in der Kita, kann ein Sack ausgeschüttet und genauer untersucht werden.
Wer hat wohl die Kekse gegessen und die Verpackung einfach weggeworfen? Wie ist der Regenschirm kaputt gegangen und auf der Wiese gelandet? Wo kommt der leere Plastikbeutel her und was war da vorher vielleicht drin?
Natürlich stellt sich auch die Frage, wie all diese Dinge unsere Umwelt belasten und wie wir den Abfall vermeiden können.
Vielleicht ist das Thema so interessant, dass ein Projekt daraus entsteht und regelmäßig „Dreck-weg-Spaziergänge“ durchgeführt werden.

7. ERZÄHLEN, SCHREIBEN UND LESEN

„Die Sprache ist der Stempel des Menschen."

Maria Montessori: Die Entdeckung des Kindes

Maria Montessori sieht im Erwerb der Sprache einen sehr komplexen Vorgang, der nach bestimmten Gesetzen abläuft.

In einer ersten Phase (0 bis ca. 2,5 Jahre) saugt das Kind Sprache zunächst unbewusst wie ein Schwamm auf. Dies ist der Zeitabschnitt, in dem es mühelos und scheinbar nebenbei seine Muttersprache und auch eine Fremdsprache aufnimmt und verinnerlicht. Danach beginnt eine zweite Periode (ca. 2,5 bis ca. 6 Jahre), in der das Kind „vom unbewussten Schöpfer zum bewussten Arbeiter" wird. Es baut nun seinen passiv erworbenen Wortschatz aktiv aus, vervollständigt den Satzbau und verfeinert mehr und mehr seine Sprache.

Montessori unterstützt das Kind dabei mit einem aufeinander aufbauenden, abwechslungsreichen Materialangebot. Sie betont auch, dass vielfältige Sprachanlässe und Sprachvorbilder, Singen, Reimen, Geschichtenerzählen, Vorlesen usw. dem Kind helfen, seine Handlungen, Gedanken und Gefühle in Worten auszudrücken. All das unterstützt das Kind in der Entwicklung seiner Persönlichkeit und fördert seine Unabhängigkeit und Freiheit.

Die sensible Phase für Sprache geht einher mit dem Interesse an Buchstaben, am Schreiben und Lesen. Das Kind benötigt nun altersgerechte und vielfältige Materialien, die den Schreib- und Leselernprozess fördern.

Springen, singen, winken

Sie benötigen: Bildkarten, auf denen ein Kind jeweils verschiedene Bewegungen ausführt (springen, singen, winken, tanzen, auf einem Bein stehen etc.)

Dieses Übung können Sie sehr gut im Morgenkreis mit den Kindern durchführen. Zeigen Sie der Gruppe eine Bildkarte und lassen Sie die Kinder beschreiben, was darauf dargestellt ist. Anschließend wird die Tätigkeit von allen nachgeahmt.
Weitere Möglichkeit: Die Kinder ziehen reihum eine Bildkarte und beschreiben der Gruppe, was darauf zu sehen ist. Dann zeigen sie allen das Bild und machen die dargestellte Tätigkeit nach.

> ***Gut zu wissen!***
> *Die Sprache macht den Menschen zum Menschen. Sprechen Sie daher von Anfang an mit dem Kind. Begleiten Sie z. B. das Wickeln, Füttern, Aus- und Anziehen des Säuglings zunächst mit einfachen, dann mit zunehmend komplexeren Sätzen. So hat das Kind die Möglichkeit, seinen zunächst passiven, später dann aktiven Wortschatz aufzubauen und ständig zu erweitern.*

Die Osterkiste

Sie benötigen: kleine Gegenstände, die typisch für Ostern sind (Osterei, Osterhase, Osterkerze, Ostereierfarben etc.); Kiste mit Ostermotiv; Wortkarten; kleine Schachtel; Tablett

Öffnen Sie die Kiste und nehmen Sie nach und nach die darin enthaltenen Gegenstände heraus. Benennen Sie sie und führen Sie mit dem Kind ein kurzes Gespräch darüber. Legen Sie die Materialien auf das Tablett. Stellen Sie den Zusammenhang her und erarbeiten Sie mit dem Kind den Oberbegriff. Für junge Kinder ist die Übung damit beendet.
Arbeiten Sie mit älteren Kindern, zeigen Sie dem Kind nun die einzelnen Wortkarten. Das Kind liest die Begriffe oder Sie erarbeiten sie gemeinsam mit ihm (z. B. über die Anlaute). Ordnen Sie sie den einzelnen Gegenständen zu.
Weitere Möglichkeiten: Bieten Sie den Kindern weitere Kisten an, z. B. eine Geburtstagskiste oder an Weihnachten eine Weihnachtskiste.

Koffer-Spiel

Sie benötigen: kleiner neutraler Kinderkoffer, Clown-Nase, Jonglierball, Luftballon, Seifenblasen-Döschen, Clown-Perücke

Stellen Sie den Koffer den Kindern im Morgenkreis vor. Lassen Sie ihn einmal im Kreis herumwandern. Die Kinder erhalten dadurch erste Informationen, was sich darin befinden könnte. Stellen Sie dann Fragen, z. B. „Wem mag der Koffer gehören?" „Was ist da wohl drin?"
Öffnen Sie den Koffer und betrachten Sie mit der Gruppe die unterschiedlichen Gegenstände, die sich darin befinden. Lassen Sie jedes Teil von den Kindern benennen und überlegen Sie gemeinsam, was man damit machen kann. Am Ende überlegen alle noch einmal, wessen Koffer das wohl ist.
Weitere Möglichkeiten: Stellen Sie den Kindern weitere Koffer vor, z. B. den einer Prinzessin, einer alten Oma oder eines Babys.

Der Bauernhof

Sie benötigen: reichhaltig ausgestatteter Bauernhof mit Tieren und Menschen

Der Bauernhof zählt in Montessori-Einrichtungen zu dem klassischen Material und wird sehr vielseitig eingesetzt. Er ist jedoch kein Spielmaterial im althergebrachten Sinn, sondern dient in erster Linie zur Wortschatzerweiterung und zum Kennenlernen der Wortarten. Junge Kinder lernen die einzelnen Bereiche eines Bauernhofs (Stall, Hauptgebäude, Zaun, Weide), beschäftigen sich mit den Tieren (Wie heißen sie? Was fressen Sie?) und erfüllen kleine Aufträge. Ältere Kinder lernen die verschiedenen Wortarten kennen und beschäftigen sich z. B. intensiver mit den Tieren (Lebensgewohnheiten, Feinde, Größe etc.).
Weitere Möglichkeit: Setzen Sie an Stelle des Bauernhofs ein Puppenhaus, einen Zoo, eine Ritterburg oder eine Polizeistation ein. Auch damit lassen sich viele Spiele zur Wortschatzerweiterung durchführen.

Gut zu wissen!
Maria Montessori bezeichnet ihr Material als „Schlüssel zum Verständnis der Welt". Sie weist jedoch immer wieder darauf hin, dass es kein Ersatz für die Erfahrungen in der Welt selbst ist.

Die Rolle des Erwachsenen

Dem Erwachsenen kommt in der Montessori-Pädagogik eine besondere Bedeutung zu. Als „Entwicklungsbegleiter" hat er wichtige und anspruchsvolle Aufgaben. Seine Rolle ergibt sich dabei nicht aus einer „natürlichen" Überlegenheit oder Autorität, sondern aus der Haltung, die er dem Kind gegenüber einnimmt. Maria Montessori fordert vom Erwachsenen daher eine ganze Menge, z. B.:

- Bedingungslose Liebe zum Kind, die einhergeht mit Wertschätzung, Achtung, Respekt und dem Glauben an das Gute in ihm,
- eine dienende Haltung dem Kind gegenüber, ohne es jedoch zu bedienen,
- Vertrauen in die Entwicklungskräfte des Kindes,
- sich dem Kind gegenüber in Geduld und Ruhe zu üben, anstatt sich ihm aufzudrängen,
- eigene Impulse zurückzuhalten,
- dem Kind nur dann zu helfen, wenn es Hilfe braucht oder fordert,
- das Entwicklungsmaterial gut zu kennen,
- für die vorbereitete Umgebung zu sorgen,
- das Kind zu beobachten, um seine Bedürfnisse, Potenzialitäten und sensiblen Phasen zu erkennen und ihm passende Angebote zu machen.

Was versteckt sich da?

Sie benötigen: Foto/Bild in DIN-A4-Format, 5–6 Blätter, 5–7 Klarsichthüllen, Ringbuch

Achten Sie bei der Auswahl des Bildes darauf, dass möglichst nur ein Gegenstand/Tier usw. darauf dargestellt ist. Schneiden Sie in jedes Blatt in der Mitte ein Loch: in das erste ein kleines, in das zweite ein etwas größeres usw. Stecken Sie jedes Blatt und das Bild/Foto in eine Klarsichthülle. Ordnen Sie die Blätter mit Loch nach der Größe. Das kleinste Loch liegt zuoberst. Das Foto/Bild liegt zuunterst.
Heften Sie die Klarsichthüllen in dieser Reihenfolge in dem Ringbuch ab.
Öffnen Sie das Ringbuch und machen Sie das Kind auf den Bildausschnitt aufmerksam, der durch das Loch zu sehen ist. Gehen Sie zur nächsten Seite und lassen Sie auch hier das Kind beschreiben, was es erkennt. Verfahren Sie so, bis zum letzten „Loch". Was hat sich da am Ende versteckt?
Tauschen Sie immer mal wieder das Bild/Foto aus. Dies sorgt für Abwechslung.

Die Löffel-Dose

Sie benötigen: 6–8 unterschiedliche Löffel (z. B. Suppenlöffel, Teelöffel, China-Reislöffel, Messlöffel, Zuckerlöffel, Schuhlöffel, Eislöffel), Dose, Bildkarten, kleines Kästchen, Tablett

Suchen Sie Bilder, die zeigen, wozu die Löffel benutzt werden. Kleben Sie sie auf Tonpapier und laminieren Sie sie.
Zeigen Sie dem Kind die einzelnen Löffel und benennen Sie sie. Überlegen Sie mit dem Kind, wozu die Löffel gebraucht werden. Ordnen Sie anschließend die Löffel den entsprechenden Bildkarten zu.
Weitere Möglichkeiten: Bieten Sie den Kindern weitere Dosen mit entsprechenden Bildkarten an, wie z. B. eine Stift-Dose (Filzstift, Holzstift, Lippenstift, Bleistift etc.) oder eine Bürsten-Dose (Schuhbürste, Kartoffelbürste, Zahnbürste, Spülbürste, Nagelbürste etc.).

Wo ist die Maus?

Sie benötigen: kleine Maus; Puppenhausschrank, in den die Maus hineinpasst; Körbchen; Tablett

Stellen Sie die Maus und den Schrank auf das Tablett und benennen Sie beides.
Setzen Sie nun die Maus z. B. auf den Schrank und fragen Sie das Kind, wo sie sich befindet. Wechseln Sie immer wieder den Standort der Maus (unter, neben, hinter, vor, in dem Schrank) und lassen Sie das Kind die einzelnen Positionen bestimmen. So lernt es spielerisch die Präpositionen kennen und richtig anwenden.
Weitere Möglichkeit: Ältere Kinder können mit einem zusätzlichen Gegenstand arbeiten. Dies macht die Übung abwechslungsreicher und erfordert weitere Präpositionen (zwischen, gegenüber, mittendrin).

Die Namenkarten

Sie benötigen: Pappstreifen ca. 15 x 30 cm, in Großbuchstaben gedruckte Namen der Kinder, Fotos der Kinder, Ständer für die Karten, Laminiergerät mit Folie
Vorbereitung: Kleben Sie auf eine Seite der Pappstreifen den gedruckten Namen des Kindes. Auf die andere Seite kommt das Foto des Kindes mit einem kleiner geschriebenen Namen. Laminieren Sie die Namenkarten, damit Sie nicht so schnell kaputtgehen.

Die Kinder können sehr vielseitig mit diesen Karten arbeiten. Sie können sie z. B. zur Kennzeichnung auf einen Teppich oder ein Material legen, mit dem sie später weiterarbeiten möchten. Sie können sie nutzen, um ihren Namen abzuschreiben, sie können damit die Namen der anderen Kinder lernen oder sie sortieren (z. B. nach Mädchen und Jungen in der Gruppe). Sie können außerdem die Anzahl der Buchstaben der Namen zählen und die Karten entsprechend der Zahl der Buchstaben sortieren.

Namenschachteln

Sie benötigen: selbst hergestellte kleine Faltschachteln, dicker Filzstift, mit dem Drucker ausgedruckte große Druckbuchstaben, Pappe, Laminiergerät mit Folie, Tablett
Vorbereitung: Drucken Sie alle Buchstaben aus, die in den Namen der Kinder vorkommen. Schneiden Sie sie aus und laminieren Sie sie einzeln, sodass kleine Buchstabenkärtchen entstehen. Schreiben Sie auf jede Faltschachtel den Namen eines Kindes. Legen Sie die entsprechenden Buchstaben des Namens in die Schachtel.

Die Kinder können mit diesen Schachteln ihren eigenen Namen oder den eines anderen Kindes mit den darin bereits enthaltenen Buchstaben nachlegen. Im Gegensatz zu den Namenkarten ist die Reihenfolge der Buchstaben hier nicht mehr festgelegt. Das Kind muss sie selbst finden. Dazu kann es den Namen auf dem Deckel der Schachtel zur Hilfe nehmen.

Gut zu wissen!
Zu Beginn des Lese- und Schreiblernprozesses sollten Sie den Kindern Druckbuchstaben anbieten. Sie sind zum einen überall zu sehen. Zum anderen können junge Kinder sie leichter schreiben, da ihre Feinmotorik für die Schwünge der Schreibschrift noch nicht genügend entwickelt ist.

Gegenstände und Bilder zuordnen

Sie benötigen: 5–6 Gegenstände (z. B. Waldtiere von Schleich), naturgetreue Abbildungen der Gegenstände, Korb, Tablett

Zeigen Sie dem Kind die einzelnen Tiere und benennen Sie sie. Sprechen Sie langsam, klar und deutlich. Legen Sie die Bildkarten aus und ordnen Sie die einzelnen Tiere zu. Beziehen Sie nach Möglichkeit das Kind in diese Arbeit mit ein.
Sind alle Tiere den Bildern zugeordnet, wird die Übung beendet und weggeräumt, oder das Kind wiederholt sie noch einmal.
Weitere Möglichkeiten: Bieten Sie den Kindern Materialien und Bilder zu vielen verschiedenen Themen an (Fahrzeuge, Gebäude, Vögel, Berufe, Obst etc.). Diese wecken die Neugierde und erweitern den Wortschatz.

Die Drei-Stufen-Lektion

Hat ein Kind sich selbstständig mit einer Übung beschäftigt, erfolgt eine *Lektion der drei Stufen*, in der es die „exakte Bezeichnung für jede bereits erworbene Kenntnis" erhält (Praxishandbuch der Montessori-Methode, S. 107).
Hat ein Kind z. B. immer wieder verschiedene Nüsse sortiert, erhält es nun die Namen der Nüsse. Es werden dazu zwei bis drei Nüsse ausgewählt, deren Bezeichnung das Kind nicht kennt.

1. Stufe – Das Wort: „Das ist die Walnuss!" Das Wort „Walnuss" wird besonders deutlich und etwas lauter ausgesprochen. Dann wird dem Kind die andere Nuss gezeigt und ebenfalls benannt: „Das ist die Haselnuss!"

2. Stufe – Wiedererkennen: Hat das Kind verstanden, worum es geht, wird es in abwechslungsreichen Varianten aufgefordert, z. B. die Walnuss zu geben oder sie an einen bestimmten Platz im Raum zu bringen: „Gib mir die Walnuss!" „Leg die Walnuss neben das Aquarium." Mit der anderen Nuss wird ebenso verfahren, bis das Kind darin sicher ist.

3. Stufe – Aussprechen des Wortes: Mit der Frage „Was ist das?" wird geprüft, ob das Kind die Begriffe verinnerlicht hat.

Kann das Kind die Nüsse benennen, ist die Lektion beendet. Gelingt es ihm nicht, wird sie zu einem späteren Zeitpunkt wiederholt.

Schau genau

Sie benötigen: selbst hergestellte Bildkarten, passende Namenkarten, Kiste zum Aufbewahren, Tablett
Vorbereitung: Wählen Sie ein Thema aus, z. B. Vogel. Kopieren Sie einen Vogel siebenmal und markieren Sie jeweils auf sechs Kopien ein bestimmtes Körperteil (Schnabel, Brust, Flügel, Schwanz, Füße, Kopf). Laminieren Sie die Karten.

Auch diese Übung eignet sich hervorragend zur Wissens- und Wortschatzerweiterung älterer Kinder.
Zeigen Sie dem Kind die Karten und lassen Sie es die markierten Körperteile benennen. Kann es bereits lesen, ordnet es die Namenkarten den jeweiligen Bildern zu.

Einsatzfiguren

Sie benötigen: original metallene Einsatzfiguren von Montessori oder selbst hergestellte Formen, Blätter in passender Größe, 3 Stifte in verschiedenen Farben, Glas für Stifte, Tablett

Dieses Material bereitet die Kinder in einfacher Art und Weise auf die vielfältigen Herausforderungen des Schreibens vor.
Zeigen Sie dem Kind die Übung, indem Sie mit dem Kreis oder der Ellipse beginnen. Nehmen Sie die Form. Legen Sie den Rahmen auf das Papier. Fahren Sie mit dem Stift innen am Rand entlang. Nehmen Sie die Form weg und legen Sie nun den Kreis exakt auf die gezeichnete Form. Umfahren Sie den Kreis ebenfalls mit einem Stift in einer anderen Farbe. Nehmen Sie den Einsatz weg. Ziehen Sie mit einem Stift, wiederum in einer anderen Farbe, möglichst gerade Linien von oben nach unten, bis der Kreis damit ausgefüllt ist.
Laden Sie das Kind ein, die Arbeit zu wiederholen.
Zeigen Sie ihm nach und nach auch die anderen Figuren.

Die Sandpapierbuchstaben

Sie benötigen: Sandpapierbuchstaben (gekauft oder selbst hergestellt), Konsonanten rot, Vokale blau

Jeder Buchstabe wird in einer Drei-Stufen-Lektion eingeführt.
Wählen Sie dazu nach Möglichkeit immer zwei Buchstaben aus, die sich deutlich voneinander unterscheiden, z. B. O und T.
Legen Sie einen Buchstaben vor sich und das Kind. Fahren Sie ihn mit den Fingerkuppen des Zeige- und Mittelfingers so ab, als ob Sie ihn schreiben. Benennen Sie den Buchstaben mehrmals laut und deutlich.
Lassen Sie das Kind dies wiederholen. Dadurch verbindet es den Buchstaben mit dem Laut.
Gehen Sie dann zur zweiten und dritten Stufe der Lektion über (siehe oben, S. 88: Drei-Stufen-Lektion).
Verfahren Sie mit dem anderen Buchstaben ebenso.
Durch diese Übung bekommt das Kind eine taktile, visuelle und akustische Vorstellung von den Buchstaben.

> ***Gut zu wissen!***
> *Die Sandpapierbuchstaben des klassischen Montessori-Materials sind auf Holzbrettchen in zwei Farben geklebt: Vokale (Selbstlaute) auf blaue, Konsonanten (Mitlaute) auf rote. So lernen die Kinder bereits sehr früh, diese beiden Buchstabenarten voneinander zu unterscheiden.*

Die Anlaut-Box

Sie benötigen: Großbuchstaben des Alphabets; Kasten mit 26 gleich großen Fächern; zu jedem Buchstaben ein kleiner Gegenstand, der in ein Fach passt; Korb, Tablett

Stellen Sie den Kasten vor sich. Nehmen Sie aus dem Korb einen beliebigen Gegenstand und benennen Sie ihn. Machen Sie dann das Kind auf den Anlaut aufmerksam und sprechen Sie diesen als Laut (G und nicht Ge) deutlich aus: z. B.: „Das ist ein Gummi. G wie Gummi. G, G, G." Suchen Sie das G im Buchstabenkästchen und legen Sie den Gummi dort ab. Verfahren Sie mit allen Gegenständen so und integrieren Sie das Kind dabei mehr und mehr in die Übung. Sind alle Gegenstände den Buchstaben zugeordnet, werden sie wieder zurück in das Körbchen gelegt. Das Kind beschäftigt sich noch einmal mit der Anlaut-Box oder es räumt das Material zurück an seinen Platz.

Buchstaben prickeln

Sie benötigen: rotes und blaues Papier, große Druckbuchstaben, Filzunterlage, Prickelnadel, Tablett, Kästchen für die Buchstabenvorlagen.
Vorbereitung: Drucken Sie Großbuchstaben mit dem Computer auf rotes (Konsonanten) und blaues (Vokale) Papier oder vervielfältigen Sie sie mit dem Kopierer. Stellen Sie die Vorlagen in das Kästchen.

Das Kind nimmt sich die Filzunterlage, die Prickelnadel und eine Buchstaben-Vorlage vom Tablett. Es prickelt den Buchstaben entlang der gezeichneten Linien aus. Dadurch erhält es am Ende zwei Buchstaben. Diese kann es in ein kleines Heft kleben. Es kann aber auch mehrere Buchstaben sammeln, damit seinen Namen oder andere Wörter „schreiben", indem es sie auf andersfarbiges Papier klebt.

Das Sandtablett

Sie benötigen: flaches Tablett (z. B. kleines Backblech), feiner Sand, Pinsel

Probieren Sie aus, wie viel Sand auf dem Tablett sein muss, damit der Boden sichtbar wird, wenn das Kind mit dem Pinsel darin malt.
Zeigen Sie dem Kind, wie es mit dem Pinsel in dem Sand malen und schreiben kann. Zeigen Sie ihm auch, wie es das Tablett leicht hin und her bewegen muss, damit die Sandmalerei verschwindet und sich der Sand wieder gleichmäßig über dem Boden verteilt.
Das Kind kann nun z. B. mit dem Pinsel Buchstaben mit Hilfe der Sandpapierbuchstaben in den Sand schreiben.

Buchstabenpuzzles

Sie benötigen: kopierte Buchstaben des Alphabets, Tonpapier, Kleber, Laminiergerät mit Folie, Schere, Kleber, kleine Kiste
Vorbereitung: Drucken Sie die Buchstaben aus und kleben Sie sie auf ca. 10 x 10 cm große Tonpapierkärtchen. Nehmen Sie für die Konsonanten rotes Papier, für die Vokale blaues. Schneiden Sie die Karten anschließend in zwei Teile. Schreiben Sie den jeweiligen Buchstaben auf die Rückseite der beiden Teile. Sie dienen zur Kontrolle. Laminieren Sie dann die Karten.
Wählen Sie sechs bis acht Buchstaben aus und geben Sie sie in die kleine Kiste. Die restlichen Buchstaben legen Sie zur Seite. Sie dienen als Vorrat.

Breiten Sie alle Puzzleteile auf dem Tisch aus. Suchen Sie zwei passende Teile und legen Sie sie zusammen, sodass der jeweilige Buchstabe zu lesen ist. Sprechen Sie ihn aus und fahren Sie ihn mit Zeige- und Mittelfinger ab.
Verfahren Sie mit weiteren Puzzleteilen ebenso. Laden Sie das Kind ein, sich an der Übung zu beteiligen.
Es kann am Ende der Übung das Ergebnis selbst überprüfen, indem es die Rückseiten der Puzzleteile miteinander vergleicht.

Schreiben

Sie benötigen: Tafel ohne Linie, Tafel mit Linie, Kreide, große Bögen Packpapier, Tapetenrollen, Tapetenbücher u. Ä., Stifte

Können die Kinder Buchstaben schreiben, sollten Sie ihnen die Möglichkeit geben, dies ausführlich zu tun. Dazu bieten sich unterschiedliche Schreibflächen wie Tafeln und Papiere in verschiedenen Größen an.
Greifen Sie nach Möglichkeit nicht in die ersten spontanen Schreibversuche der Kinder ein. Bemerken Sie immer wiederkehrende Schreibfehler, korrigieren Sie diese in einer gesonderten Übung.

Leseübung

Sie benötigen: kleine Gegenstände, deren Namen lautgetreu geschrieben werden (Wal, Hut, Ring, Bus, Glas etc.), Karten mit Namen; Papierstreifen; Stift; Döschen; Korb; Tablett

Betrachten Sie mit dem Kind alle Gegenstände und lassen Sie sie von ihm benennen. Bitten Sie es dann, Ihnen den Gegenstand zu geben, den Sie ihm auf den Papierstreifen schreiben. Schreiben Sie langsam und deutlich in Großbuchstaben den Namen eines Gegenstandes auf den Zettel. Achten Sie darauf, dass das Kind ihnen dabei zuschaut. Zeigen Sie ihm den Zettel und lassen Sie es versuchen, das Geschriebene zu lesen. Gelingt ihm dies, ordnet es den Zettel dem entsprechenden Gegenstand zu. Verfahren Sie so mit allen Materialien.
Möchte das Kind die Übung wiederholen, benutzt es die Karten mit Namen.

8. MENGEN, FORMEN UND ZAHLEN

„Der menschliche Geist ist ein mathematischer Geist."

Maria Montessori: Das kreative Kind

Ist Ihnen bewusst, dass der Mensch bereits von Geburt an mit Mathematik in Berührung kommt? Der Säugling z. B. erforscht mit all seinen Sinnen die Greifringe und lernt, den runden vom viereckigen zu unterscheiden. Das Kleinkind stapelt Bauklötze aufeinander, bis der Turm umfällt. Die Dreijährige ordnet beim Tischdecken jedem Teller ein Messer und eine Gabel zu. Es gibt noch unzählige weitere Beispiele, die zeigen, dass Mathematik permanent präsent und somit Teil des Lebensalltags von Kindern ist. Mit abwechslungsreichen Angeboten wie z. B. den Sinnesübungen, den Übungen des täglichen Lebens oder mit an die Montessori-Methode angelehnten, selbst hergestellten Materialien mit Alltagsgegenständen können Kinder bereits früh darin unterstützt werden, mathematische Strukturen kennenzulernen, sie zu verstehen und sich darin zu üben.

Damit Kinder des Weiteren zählen, die Zahlen und rechnen lernen, hat Maria Montessori spezielles Mathematikmaterial entwickelt. Es baut systematisch aufeinander auf und führt das Kind, entsprechend seinem Entwicklungsstand, über das selbstständige, selbsttätige, sinnlich handelnde Tun an die unterschiedlichen mathematischen Konzepte heran. Auch hierin können die Kinder darüber hinaus mit selbst hergestellten Übungen gefördert werden, damit ihnen der Einstieg in die „höhere" Mathematik spielerisch und leicht gelingt.

Wasser schütten

Sie benötigen: Glaskrug mit 1-l-Markierung, Wasser, 4 Gläser mit 250-ml-Markierungen, Tablett, Tuch

Machen Sie das Kind auf die 1-Liter-Markierung des Glaskruges und auf die 250-Milliliter-Markierungen auf den Gläsern aufmerksam. Schütten Sie vorsichtig Wasser aus dem Krug in die Gläser. Achten Sie darauf, genau bis zu den Markierungen zu gießen. Sind alle Gläser gefüllt, muss der Glaskrug leer sein. Schütten Sie nun langsam und vorsichtig das Wasser aus den Gläsern wieder zurück in den Krug. Tropft Wasser auf das Tablett, wischen Sie es mit dem Tuch auf. Schieben Sie die Arbeit zu dem Kind, sodass es tätig werden kann.
Eine bestimmte Wassermenge auf gleich große Gläser zu verteilen ist bereits eine erste Division, die Kinder nicht abstrakt, sondern sehr konkret und lebenspraktisch erfahren.

Ein Formen-Heftchen gestalten

Sie benötigen: Filzunterlage, Prickelnadel/Schere, Blätter mit vorgemalten geometrischen Figuren, Holzkästchen, kleine Heftchen, Holzkiste, Klebestift, Tablett

Lassen Sie das Kind eine vorgemalte Form aussuchen. Benennen Sie die Form, wenn es deren Namen nicht kennt. Bitten Sie es, die Form entlang der Linie auszuprickeln oder auszuschneiden. Zeigen Sie dem Kind, wie es sie anschließend in sein kleines Formen-Heftchen klebt.
Das Formen-Heftchen kann nach und nach mit vielen verschiedenen geometrischen Figuren gefüllt werden. Ältere Kinder können bereits die Namen der Formen dazuschreiben.

! ***Gut zu wissen!***
Anfang des 20. Jahrhunderts galt das Spiel des Kindes als keine ernsthafte Tätigkeit. Maria Montessori erkennt darin jedoch eine zielgerichtete, intensive geistige Aktivität, die sie deshalb als Arbeit bezeichnet.

Das Geometriebrett

Sie benötigen: quadratisches Holzbrett mit 25 Holzdübeln in 5 Reihen, Gummis, Körbchen, vorgegebene geometrische Figuren auf Karton gezeichnet, Tablett

Mit dem Geometriebrett können die Kinder eigene geometrische Formen mit Gummis darstellen oder geometrische Figuren mit vorgegebenen Karten nachbilden. Sie ziehen dazu die Gummis über die entsprechenden Holzdübel.

Der mathematische Geist

Maria Montessori bezeichnet den menschlichen Geist nach dem französischen Mathematiker Pascal als *mathematischen Geist*. Sie bringt damit zum Ausdruck, dass Mathematik zum Menschen gehört, denn immer dann, wenn er ordnet, Serien bildet, Rhythmen erzeugt oder vergleicht, kommt der mathematische Geist zum Einsatz. Die mathematische Bildung des Kindes spielt daher in der Montessori-Pädagogik eine wichtige Rolle. Sie beginnt jedoch nicht erst mit dem Einsatz des Mathematik-Materials. Bereits die Übungen des praktischen Lebens und die Sinnesmaterialien mit ihren unterschiedlichen Anforderungen, z. B. zum Sortieren, Vergleichen und Messen von Mengen oder Größen, helfen dem Kind, die Welt in ihren mathematischen Strukturen zu verstehen, sich immer besser darin zurechtzufinden und den Schritt vom konkreten zum abstrakten Denken zu vollziehen.

Muster und Reihen legen

Sie benötigen: Legematerial (z. B. Spielchips, Glasnuggets, Knöpfe, Korkscheiben in unterschiedlichen Größen etc.), Korb, selbst gestaltete Vorlagenstreifen in unterschiedlichen Schwierigkeitsstufen (farbig, schwarz-weiß, Umriss, einfache Formenfolge, komplexe Formenfolge etc.), Tablett

Tragen Sie mit dem Kind das Tablett zum Tisch. Nehmen Sie einen einfach gestalteten Vorlagenstreifen (z. B. großer Spielchip, kleiner Spielchip, großer Spielchip ...) und legen Sie ihn vor sich.
Beginnen Sie damit, die einzelnen Materialien auf die passenden Umrisse zu legen. Nachdem Sie drei bis vier Formen gelegt haben, laden Sie das Kind dazu ein, tätig zu werden.

Ist der Vorlagenstreifen komplett belegt, machen Sie das Kind auf das gelegte Muster aufmerksam. Lassen Sie es die Reihenbildung beschreiben.
Das Kind kann die Arbeit wiederholen, sich einen neuen Vorlagenstreifen aussuchen und belegen oder die Übung wieder zurück ins Regal bringen.
Weitere Möglichkeit: Die Kinder gestalten Reihen und Muster nach eigenen Ideen.

Mit einer Waage wiegen

Sie benötigen: einfache Balkenwaage, verschiedene Alltagsgegenstände (z. B. Bauklotz, Feder, Wachsmalblock, Duplo-Stein), Korb, einfarbige Glasnuggets, Korb

Gewicht ist eine mathematische Einheit, die Kinder beim Wiegen verschiedener Gegenstände spielerisch erfahren können.
Zeigen Sie ihnen, wie ein Gegenstand vorsichtig in die eine Waagschale, das Gegengewicht in die andere gelegt wird, bis beide Waagschalen sich auf einer Höhe befinden. Lassen Sie die Kinder mit den unterschiedlichen Gegenständen experimentieren. Benennen Sie die einzelnen Materialien, erklären Sie die Arbeitsschritte und die Ergebnisse des Wiegevorgangs mit kindgemäßen Worten.
Weitere Möglichkeit: Die Kinder arbeiten mit Gewichten oder benutzen unterschiedliche digitale und analoge Küchenwaagen. Sie notieren die Ergebnisse in kleinen Heftchen.

Telefonieren

Sie benötigen: altes Telefon, Karteikarten mit Familienfoto und Telefonnummer jeder Familie, Karteikasten, Tablett

Klären Sie im Vorfeld, ob die Telefonnummern der Familien auf den Karteikarten notiert werden können.
Zeigen sie dem Kind, wie das Telefon benutzt wird. Lassen Sie es aus dem Karteikasten die Karte seiner Familie suchen. Machen Sie es auf die notierte Telefonnummer aufmerksam. Bitten Sie es, die einzelnen Zahlen der Nummer zu benennen und anschließend auf dem Telefon zu wählen.
Das Kind kann nun so tun, als ob es ein Gespräch mit einem Familienmitglied führt. Ist das Gespräch beendet, räumt es die Karteikarte wieder in den Kasten und stellt das Tablett zurück an seinen Platz.
Die Kinder lernen hier nicht nur die Zahlen, sondern prägen sich dabei auch die eigene Telefonnummer spielerisch ein.

Zahlenschlösser öffnen

Sie benötigen: 4–5 Zahlenschlösser (drei-, vier- und/oder fünfstellig), Korb, kleine Karten mit Zahlenkombinationen, kleine Schachtel, Tablett
Vorbereitung: Schreiben Sie Zahlenkombinationen zum Öffnen der Schlösser auf kleine Karten und laminieren Sie sie.

Zeigen Sie dem Kind ein beliebiges Zahlenschloss. Nehmen Sie eine Zahlenkarte und versuchen Sie, mit der darauf abgebildeten Zahlenkombination das Schloss zu öffnen. Gelingt es Ihnen, legen Sie das Schloss und die Karte nebeneinander zur Seite. Gelingt es nicht, legen Sie die Zahlenkarte hinter den Korb und wählen eine neue aus. Verfahren Sie so, bis Sie zwei Schlösser geöffnet haben.
Lassen Sie das Kind die Arbeit nun weiterführen. Hat es alle Schlösser geöffnet, werden sie wieder verschlossen. Die Karten kommen zurück in die Schachtel, die Schlösser wieder in das Körbchen. Das Kind kann die Übung nun wegräumen oder noch einmal durchführen.

Das Würfeltablett

Sie benötigen: viele Zahlenwürfel mit 1–6 Augen, Korb, laminierte Zahlenkarten von 1–6, kleines Döschen, Tablett
Vorbereitung: Gestalten Sie die Zahlenkarten auf einer Seite mit Punkten, auf der anderen mit geschriebenen Zahlen. So können die Kinder sich in unterschiedlichen Schwierigkeitsstufen mit den Zahlen beschäftigen.

Zeigen Sie ihnen, je nach Alter, wie die Zahlenkarten gelegt und die entsprechenden Würfel zugeordnet werden.
Die Kinder können natürlich auch Würfel ohne Zahlenkarten sortieren und auslegen.

> **!** ***Gut zu wissen!***
> *Das gesamte Montessori-Material ist nach unterschiedlichen Lernbereichen sortiert. Maria Montessori bringt dem Kind damit schon unbewusst die einzelnen Wissenschaftsbereiche (Biologie, Geografie, Mathematik etc.) näher.*
> *Stellen Sie daher z. B. alle Übungen, die mit den Themen Zahlen, Mengen, Rechnen usw. zu tun haben, zusammen in einen Bereich des Raumes.*

Münzen sortieren

Sie benötigen: Münzen aus unterschiedlichen Ländern mit darauf abgebildeten Zahlen; Körbchen; Zahlenkarten mit Zahlen, die auf den Münzen stehen; Schachtel; Tablett

Legen Sie die Zahlenkarten auf den Tisch. Nehmen Sie eine beliebige Münze aus dem Körbchen und suchen Sie die darauf abgebildete Zahl. Zeigen Sie sie dem Kind und ordnen Sie sie dann der passenden Zahlenkarte zu. Verfahren Sie mit drei bis vier weiteren Münzen ebenso. Bitten Sie dann das Kind, die Arbeit fortzuführen.
Hat es alle Münzen den passenden Karten zugeordnet, machen Sie es auf die unterschiedlichen Zahlen aufmerksam. Welche kennt es bereits?
Am Ende werden alle Gegenstände wieder auf das Tablett geräumt. Das Kind trägt es zurück an seinen Platz im Raum.

Die Messlatte

Sie benötigen: Kinder-Messlatte, kleine laminierte Namenkarten

Gestalten Sie mit den Kindern eine Messlatte als übergroßes Lineal und befestigen Sie sie an einem geeigneten Platz. Achten Sie darauf, dass die Zahlen der Maßeinheiten gut erkennbar sind. Stellen Sie für jedes Kind eine kleine Karte mit Namen her. Laminieren Sie sie.
Mit der Messlatte können die Kinder feststellen, wie viele Zentimeter sie in einem bestimmten Zeitraum gewachsen sind.
Die Kinder stellen sich davor. Besprechen Sie mit ihnen die ermittelte Größe, stellen sie den Unterschied zur letzten Messung fest, vergleichen Sie das Messergebnis mit verschiedenen Gegenständen im Raum, mit anderen Kindern und mit sich selbst. Markieren Sie es mit dem Namenschild des jeweiligen Kindes.
So lernen die Kinder, ihre eigene Größe zu erkennen, einzuschätzen und zu vergleichen.

Mit dem Metermaß messen

Sie benötigen: Metermaß, vorbereitete laminierte Karten mit Gegenständen aus dem direkten Umfeld (Tisch, Regal, Fensterbank etc.), Box, wasserlöslicher Edding, feuchtes Tuch, Tablett
Vorbereitung: Fotografieren oder zeichnen Sie Gegenstände aus dem direkten Umfeld. Markieren Sie Flächen, die die Kinder messen können in Rot. Kleben Sie die Bilder auf festes Papier und laminieren Sie sie.

Zeigen Sie dem Kind das Metermaß. Benennen Sie es und erklären Sie ihm, wozu und wie es benutzt wird. Wählen Sie nun eine Karte aus der Box aus, z. B. die mit der Fensterbank. Gehen Sie mit dem Kind hin und messen sie die Fensterbank dort, wo sie auf der Karte markiert ist. Tragen Sie die gemessene Zahl neben das Bild ein. Laden Sie das Kind dazu ein, eine weitere Karte zu nehmen und den darauf abgebildeten Gegenstand zu messen.
Kann das Kind die Aufgabe selbstständig durchführen, lassen Sie es alleine weiterarbeiten.
Zeigen Sie ihm am Ende der Arbeit, wie es die eingetragenen Zahlen mit dem feuchten Tuch wieder wegwischt, sodass das nächste Kind mit der Übung direkt beginnen kann.
Weitere Möglichkeit: Bieten Sie den Kindern kleine Heftchen an, in die sie individuelle Mess-Arbeiten eintragen können.

Vom Konkreten zum Abstrakten ...

Damit Kinder eine Vorstellung von den abstrakten Eigenschaften eines Materials bekommen, müssen sie dieses zuerst im Konkreten erfahren. Maria Montessori bietet ihnen hierzu immer sehr greif-bares an.
So wird ein Kind, das sich für Mathematik interessiert, immer zuerst in den Zahlenraum von 1 bis 10 eingeführt. Es beginnt mit den numerischen Stangen (blau-rote Stangen). Hier be-greift es und sieht, dass 1 die kleinste Einheit darstellt, 10 die größte. Die 1 hat zudem ihren festen Platz in der Zahlenfolge.
Das Kind kann nun durch die ausgiebige Beschäftigung mit dem Material in unterschiedlichen Variationen eine Vorstellung der mit den Zahlen verbundenen Menge entwickeln.
Erst dann lernt es die Ziffern von 1 bis 10 kennen und kombiniert sie mit den numerischen Stangen.
Die Vorgehensweise geht vom Konkreten (numerische Stangen) zum Abstrakten (Zahlenraum 1 bis 10), vom Leichten zum Komplizierten.

Die Sandpapier-Zahlen

Sie benötigen: 10 gleich große Holzbrettchen, aus Sandpapier ausgeschnittene Zahlen von 0 bis 9, Kleber, Holzkästchen
Vorbereitung: Schneiden Sie aus Sandpapier die Zahlen von 0 bis 9 aus und kleben Sie sie auf gleich große Rechtecke aus fester Pappe oder Holz. Mit diesen Zahlenkarten kann das Kind die Zahlen taktil, visuell und beim Benennen akustisch wahrnehmen.

Wählen Sie drei Zahlen aus, die das Kind nicht kennt (z. B. 3, 5, 6). Beginnen Sie mit einer beliebigen Zahl davon, z. B. mit der 5. Fahren Sie die Zahl mit Zeige- und Mittelfinger ab. So lernt das Kind ganz nebenbei deren richtige Schreibweise.
Benennen Sie die Zahl. Wiederholen Sie dies zwei- bis dreimal. Lassen Sie dann das Kind tätig werden.
Verfahren sie mit den beiden anderen Zahlen ebenso. Bitten Sie das Kind, nun die Zahlen zu unterschiedlichen Orten im Raum zu bringen und von dort wieder zu holen. „Leg die 2 auf die Fensterbank." „Bring mir die 3" usw.
Nach mehreren Durchgängen fragen Sie das Kind nach den Namen der Zahlen. Kann es sie richtig benennen, ist die Arbeit beendet. Kennt es die Zahlen nicht, wird die Übung zu einem späteren Zeitpunkt wiederholt.

Zahlen schreiben

Sie benötigen: Tablett mit dünner Sandschicht, Sandpapier-Zahlen

Kinder wollen schon sehr früh die Zahlen schreiben. Dies gelingt am einfachsten, wenn sie sie bereits mit den Sandpapier-Brettchen kennengelernt haben.
Nehmen Sie ein Sandpapierbrettchen und legen Sie es vor sich. Fahren Sie die Zahl mit Zeige- und Mittelfinger ab. Wiederholen sie dies drei- bis viermal. Schreiben Sie dann die Zahl möglichst groß in den Sand des Sandtabletts. Betrachten Sie sie mit dem Kind, bevor Sie sie durch Schütteln des Tabletts wieder wegwischen.
Laden sie das Kind ein, die Übung durchzuführen.

Zahlenbilder sortieren

Sie benötigen: unterschiedlich geschriebene Zahlenbilder von 1 bis 9 (aus Zeitschriften, Katalogen, Kalenderblätter usw.), Kartonkarten, Klebepunkte, Laminiergerät und Folie, Box

Vorbereitung: Sammeln Sie unterschiedliche Zahlenbilder. Kleben Sie sie auf gleich große Kartonkarten. Kennzeichnen Sie die zusammengehörenden Zahlen auf der Rückseite des Kartons mit entsprechenden Klebepunkten. Laminieren Sie die Karten.

Zeigen Sie dem Kind die Zahlenkarten und lassen Sie es die Zahlen benennen. Legen Sie die Karten von 1 bis 9 nebeneinander aus. Beginnen Sie, gleiche Zahlen einander zuzuordnen. Bitten Sie das Kind nach drei bis vier Karten, die Arbeit zu übernehmen. Es lernt, dass Zahlenbilder sehr unterschiedlich aussehen können, je nachdem welche Schrift verwendet wurde.

Perlen auffädeln

Sie benötigen: 55 gleichfarbige und gleich große Perlen, Körbchen, Schnur zum Auffädeln, gelochte und laminierte Zahlenkarten von 1 bis 10, Schachtel, Tablett

Beginnen Sie mit einer Perle und ziehen Sie sie auf die Schnur. Benennen Sie die Zahl „Eins". Suchen Sie die passende Zahlenkarte und ziehen Sie sie ebenfalls auf die Schnur. Nehmen Sie dann zwei Perlen und fädeln Sie sie auf. Als Nächstes kommt die Zahlenkarte mit der 2 usw. Beziehen Sie das Kind in die Arbeit ein, indem Sie es z. B. bitten, Ihnen eine bestimmte Anzahl Perlen oder die nächste Zahlenkarte zu geben. Fädeln Sie so nach und nach alle Karten und Perlen auf. Am Ende muss der Perlenkorb leer sein.

Ziehen Sie alles wieder von der Schnur und laden Sie das Kind ein, die Übung alleine durchzuführen.

Zahlenzettel ziehen

Sie benötigen: vorbereitete Zettel mit Zahlen von 0 bis 9, Körbchen

Dieses Zahlenspiel schult insbesondere das Zahlengedächtnis des Kindes.

Lassen Sie das Kind einen Zettel ziehen und die darauf geschriebene Zahl benennen. Dann soll es den Zettel umdrehen, sodass die Zahl nicht zu sehen ist. Bitten Sie es nun, Gegenstände in der auf dem Zettel geschriebenen Zahl im Raum zu suchen und zum Tisch zu bringen. Zieht es z. B. die 5, kann es fünf Perlen aus dem Perlenkorb nehmen und auf den Tisch legen. Das Zahlenkärtchen wird umgedreht und die Perlenanzahl mit der geschriebenen Zahl verglichen, indem das Kind sie noch einmal zählt. Stimmen Zahl und Menge überein, geht das Spiel mit einem neuen Zahlenkärtchen weiter. Stimmt beides nicht überein, muss das Kind noch einmal losziehen.

Der Zählkasten

Sie benötigen: Kasten mit 10 gleich großen Einteilungen, durchnummeriert von 0 bis 9; 45 Holzstäbe, die in den Kasten passen (z. B. aus Rundholz gesägt); Holzkiste o. Ä. für die Holzstäbe; elastische Haargummis

Bei diesem Material ist die Zahlenfolge noch durch den Kasten vorgegeben. Sie wird jedoch durch die Holzstäbe aufgelöst. Außerdem wird die Null eingeführt.
Legen Sie die Holzstäbe den Zahlen entsprechend gebündelt in den Kasten.
Zeigen Sie dem Kind die 1 und lassen Sie es sie benennen. Bitten Sie es, Ihnen ein Holzstäbchen in die Hand zu legen. Verfahren Sie mit allen anderen Zahlen und Holzstäbchen ebenso. Ab der 2 muss das Kind die Haargummis entfernen (die Menge aufbrechen), um sie Ihnen in die Hand zählen zu können. Alle gezählten Stäbchen kommen in die leere Holzkiste.
Geben Sie am Ende die Holzkiste dem Kind und bitten Sie es, die Holzstäbchen wieder entsprechend der Zahlen gebündelt in die einzelnen Fächer des Kastens zu legen.
Einführung der Null: Liegen alle Holzstäbchen in den Fächern, zeigen Sie auf ein beliebiges Fach (z. B. die 3) und fragen Sie das Kind, wie viele Stäbchen sich darin befinden. Fragen Sie noch nach drei bis vier weiteren Fächern, dann nach dem mit der 0. Machen Sie dem Kind deutlich, dass Null nichts ist. Das Fach ist leer.

Zahlen und Glasnuggets

Sie benötigen: Zahlenkarten von 1 bis 10, Schachtel, 55 Glasnuggets in einer Farbe und Größe, Schälchen, Tablett, Teppich

Fordern Sie das Kind auf, die Zahlenkarten nebeneinander von 1 bis 10 auf dem Teppich auszulegen. Bitten Sie es dann, unter jede Zahl die entsprechende Anzahl Glasnuggets zu legen. Hat es sie richtig zugeordnet, darf am Ende kein Glasnugget fehlen oder übrig bleiben.

Farbige Perlenstäbchen

Sie benötigen: gekaufte oder selbst hergestellte farbige Perlenstäbchen (5 Perlentreppchen mit Stäbchen von 1 bis 9 Perlen in unterschiedlichen Farben), Holzbox
Vorbereitung: Perlenstäbchen können Sie mit Draht und farbigen Perlen selbst herstellen. Beachten Sie dabei folgende Stäbchenfarben: 1 = rot, 2 = grün, 3 = rosa, 4 = gelb, 5 = hellblau, 6 = lila, 7 = weiß, 8 = braun, 9 = dunkelblau. Fertigen Sie fünf Perlentreppchen. Biegen Sie die Enden des Drahtes jeweils um, sodass die Perlen nicht herausfallen können.

Mit den Perlenstäbchen üben die Kinder das Zählen von 1 bis 9 und prägen sich spielerisch die Zahlenfolge ein.
Nehmen Sie eine komplette Perlentreppe aus dem Kästchen. Beginnen Sie mit dem kürzesten Stäbchen. Legen Sie es vor sich und sagen Sie: „Eins". Verfahren Sie mit den übrigen Stäbchen ebenso. Legen sie die Perlenstäbchen untereinander, sodass eine Pyramide entsteht.
Laden Sie das Kind ein, mit den restlichen Perlen ebenfalls Treppchen zu legen, indem es die Perlen zuvor abzählt.
Weitere Möglichkeiten: Das Kind legt Reihen von 1 bis 9, es sortiert die Stäbchen nach Farben oder gestaltet Muster mit ihnen.

Alle Angebote im Überblick

Die Zahlen in Klammern verweisen auf das Kapitel, in dem Sie das Angebot finden.

H

J

K

L

M

N

O

Sachinfos

T

U

V

W

Z

Literatur

Maria Montessori

- Das Kind in der Familie (Gesammelte Werke, Band 7), Freiburg im Breisgau: Herder, 2. Aufl. 2017
- Das kreative Kind. Der absorbierende Geist, Freiburg im Breisgau: Herder, 17. Aufl. 2007
- Die Entdeckung des Kindes (Gesammelte Werke, Band 1), Freiburg im Breisgau: Herder, 3. Aufl. 2015
- Kinder sind anders, Kinder fordern uns heraus, Stuttgart: Klett-Cotta 2009
- Kosmische Erziehung. Die Stellung des Menschen im Kosmos. Menschliche Potentialität und Erziehung. Von der Kindheit zur Jugend, Freiburg im Breisgau: Herder, 8. Aufl. 2007
- Praxishandbuch der Montessori Methode (Gesammelte Werke, Band 4), Freiburg im Breisgau: Herder, 3. Aufl. 2015

Jutta Bläsius

- Den Alltag spielen. Kleine Übungen des praktischen Lebens nach Maria Montessori. Freiburg im Breisgau: Herder 2019
- Spielen mit Aktionstabletts: Farben und Formen. Freiburg im Breisgau: Herder 2021
- Spielen mit Aktionstabletts: Feinmotorik. Freiburg im Breisgau: Herder 2020.
- Spielen mit Aktionstabletts: Jahreszeiten. Freiburg im Breisgau: Herder 2024
- Spielen mit Aktionstabletts: Konzentration und Entspannung. Freiburg im Breisgau: Herder 2018
- Spielen mit Aktionswannen. Freiburg im Breisgau: Herder 2022
- Spielen mit Krippenkindern: Aktionstabletts. Freiburg im Breisgau: Herder 2024
- Übungen der Stille in der Montessori-Pädagogik. Freiburg im Breisgau: Herder 2018
- Übungen des praktischen Lebens für Kinder ab 3 Jahren. Freiburg im Breisgau: Herder 2015
- Übungen des praktischen Lebens für Kinder unter 3 Jahren. Freiburg im Breisgau: Herder, 2. Aufl. 2013

Michael Klein-Landeck / Tanja Pütz

- Montessori-Pädagogik. Einführung in Theorie und Praxis. Freiburg im Breisgau: Herder 2019

Harald Ludwig (Hrsg.)

- Grundgedanken der Montessori Pädagogik. Quellentexte und Praxisberichte. Freiburg im Breisgau: Herder 2022
- Meine Pädagogik. Einführung in eine neue Erziehung. Freiburg im Breisgau: Herder 2021

Tim Seldin

- Kinder fördern nach Montessori. So erziehen Sie Ihr Kind zu Selbstständigkeit und sozialem Verhalten. Dorling Kindersley: London 2007

Ulrich Steenberg

- Das Montessori-Eltern-Buch. Freiburg im Breisgau: Herder 2018
- Montessori-Pädagogik in der Kita. Freiburg im Breisgau: Herder 2018